Übungsreihen für Geistigbehinderte
Heft A 8.1 (Umgang mit Mengen, Zahlen und Größen)

Franziska Reich

Anbahnung des Zahlbegriffs bei Geistigbehinderten

– Theoretische Einführung –

Zeichnungen: Judit Schaffrin

Übungsreihen für Geistigbehinderte

– Konzepte und Materialien –

Hrsg. Susanne Dank

Lehrgang A: Umgang mit Mengen, Zahlen und Größen **Heft A 8.1**

Franziska Reich

Anbahnung des Zahlbegriffs bei Geistigbehinderten

– Theoretische Einführung –

Zeichnungen: Judit Schaffrin

verlag modernes lernen - Dortmund

Meiner Tochter Stefanie,

die in vielen Stunden Arbeit

mein Manuskript in den Computer übertragen hat.

Zeichnungen: Judit Schaffrin

Fotos: Franziska Reich

Bestell-Nr. 3613 ISBN 3-8080-0288-3

Inhalt:

Übungsreihen für Geistigbehinderte?

Idee und Anliegen

Leider sind Konzepte und Arbeitshilfen für die Förderung und den Unterricht mit Geistigbehinderten immer noch rar. Häufig beziehen sich Eltern, Lehrer und Erzieher in Ermangelung geeigneter Materialien auf Inhalte und Vermittlungsformen der herkömmlichen Kindergarten- und Schulpädagogik. Diese werden jedoch den speziellen Bedürfnissen geistigbehinderter Schüler nur selten gerecht.

Sei es, daß der Lernstoff im Schwierigkeitsgrad zu weit „oben" ansetzt, daß die Lernschritte zu rasch aufeinander folgen und die breite Übungspalette fehlt oder aber, daß Themen angeboten werden, die dem Alter und den Interessen Geistigbehinderter einfach nicht so recht entsprechen.

Dieses Manko versuchen die „Übungsreihen für Geistigbehinderte" aufzuarbeiten, indem hier *notwendige* und *praxisorientierte* Förderinhalte systematisch und umfassend abgehandelt werden.

Geistigbehinderte müssen mit Hilfe *besonders* strukturierter Lerninhalte auf ein weitgehend selbständiges Leben vorbereitet werden. Wie eine Förderung in diesem Sinne aussehen kann, dokumentieren die „Übungsreihen für Geistigbehinderte" anschaulich und nachvollziehbar.

Die Auswahl der Einzelthemen orientiert sich dabei am geistigbehinderten Schüler und seiner Lebensumwelt, fragt nach so wichtigen Entscheidungskriterien wie:

- Hat das Thema Relevanz für die aktuelle oder zukünftige Lebenssituation Geistigbehinderter?
- Nimmt es in notwendiger Weise Bezug auf vorhandene Sachzwänge und objektive Gesetzmäßigkeiten?
- Vergrößert der Lernstoff die Handlungskompetenz, erweitert er den Aktionsradius der Schüler?
- Orientiert sich der Lerngegenstand ausreichend an ihren individuellen Bedürfnissen und Interessen?

In den Sonderschulen für Geistigbehinderte werden die Erziehungs- und konkreten Lernziele innerhalb von *fachorientierten Lehrgängen* (Schaffung sachgerechter Grundlagen in den einzelnen Fachbereichen) und *Vorhaben/Projekten* (Anwendung der erworbenen Kenntnisse und Fähigkeiten in praxisorientierten Aufgabenfeldern) verfolgt.

Eine entsprechende Systematik liegt auch den „Übungsreihen für Geistigbehinderte" zugrunde.

Die „Übungsreihen für Geistigbehinderte" stellen Beiträge zu den *Lehrgängen*

- Sprache (Lesen und Schreiben)
- UMZG (Umgang mit Mengen, Zahlen und Größen)
- Lebenspraktisches Training
- Arbeitslehre (Werktechnische Fächer, Hauswirtschaft)
- Wahrnehmungsförderung
- Sport
- Musik

in übersichtlichen Fördereinheiten vor. *Vorhaben* und *Projekte* werden in Form übertragbarer Dokumentationen für den Nachvollzug zugänglich gemacht.

Die Frage, für wen die „Übungsreihen für Geistigbehinderte" geschrieben werden, ist leicht zu beantworten: Für alle, die in der Förderarbeit mit Geistigbehinderten tätig sind – Lehrer, Erzieher, Eltern, Betreuer in Werkstätten, Heimen, Horten, Kindergärten, Freizeiten und Krankenhäusern.

Über Rückmeldungen und Kritik, Anregungen und Vorschläge von Leserseite würde ich mich als Herausgeberin der Hefte-Reihe sehr freuen. All jene, die mit ihrer Erfahrung, bisher geleisteter Unterrichtsarbeit, Materialiensammlungen und anderen Schätzen zum Gelingen der Reihe beitragen wollen, möchte ich ermutigen, sich an dieser Pionierarbeit zu beteiligen.

Susanne Dank

Der Lehrgang Umgang mit Mengen, Zahlen und Größen

Der Lehrgang UMZG ist häufig für Schüler und Lehrer gleichermaßen mit großen Frustrationen verbunden. Wie liebevoll auch immer hier die Materialien ausgewählt und Arbeitsblätter gemalt sein mögen, so müssen wir doch ständig die Erfahrung machen, daß das abstrakte Verständnis für mathematische Sachverhalte bei Geistigbehinderten häufig ausbleibt und es kein Vorwärtskommen gibt, wenn wir die Ebene des Konkreten verlassen.

Dabei steckt die Welt voller Zahlen, Mengen und Größen. Wir können nicht so tun, als ob das mathematische Wissen nebensächlich und bloßer Ballast wäre. Klammern wir diesen Bereich von vornherein aus, lernen die Schüler weder die Uhr zu lesen noch mit Geld umzugehen. Kalender, Lineal, Meßbecher und Küchenwaage, ja sogar das Telefon bleiben unverstanden und für die praktische Nutzung unzugänglich.

Um diesem Dilemma zu entgehen, muß innerhalb des Lehrgangs zweigleisig verfahren werden:

Einerseits langfristige und systematische Planung auf das Endziel einer möglichst umfassenden mathematischen Kompetenz hin. Andererseits Einteilung des Stoffes in überschaubare Abschnitte sowie Schulung engumgrenzter, vor allem aber pragmatischer Teilfertigkeiten.

Da von vornherein absehbar ist, daß viele Schüler kein umfassendes Verständnis von Mengen, Zahlen und Größen erwerben können, muß der Unterricht von Anfang an so geplant werden, daß jede Übungseinheit mit einer *Handlungskompetenz* abschließt.

Nur so vermeiden wir das ermüdende, endlose Wiederholen mathematischer Grundlagen ohne wirklichen Erfolg.

Die mühsam antrainierten Wissensbruchstücke können im Lebensalltag der Schüler keinen Einsatz finden, solange sie nicht im Zusammenhang mit aktuellen und bedürfnisorientierten Tätigkeiten stehen. Erfolgreich und motivierend kann der Lehrgang UMZG nur dadurch werden, daß wir hier Lernziele anstreben, die als Lösungsstrategien auch über die einzelne Unterrichtsstunde hinaus anzuwenden sind.

Das durchaus notwendige Erarbeiten und Üben mathematischer Fundamente, wie z.B.

- Anbahnung eines globalen Mengenverständnisses
- Klassifikationsleistungen
- Herstellen von Beziehungen und Zuordnungen
- Aufbau des Zahlenraumes
- Erwerb grundlegender Rechentechniken usw.

muß stets in einen Rahmen eingebettet sein, der ganz konkrete Lernerträge garantiert und nicht ausschließlich von der vagen Hoffnung lebt, „daß Rita vielleicht doch noch das Addieren lernt"!

Der Wunsch, geistigbehinderte Schüler durch den Lehrgang UMZG mit frei verfügbaren Handlungskompetenzen auszustatten, geht nur in Erfüllung, wenn gleichzeitig zur Schulung des mathematisch-analytischen Verständnisses ebenfalls Wege des *ganzheitlichen Erfassens* vermittelt werden und die Schüler die erworbenen Kenntnisse praktisch erproben, in lebensechten Situationen einüben und dadurch zu individuellen Fertigkeiten entwickeln können.

Im schulischen Alltag erreichen wir dies, indem wir den Lehrgang UMZG in abgeschlossene *Unterrichtsreihen* zergliedern, die parallel zum Aufbau der abstrakten Rechenfähigkeit ganz pragmatische Ziele verfolgen, d.h. die Schüler mit *konkreten Techniken* ausrüsten, die auch unabhängig von weiteren, aufbauenden Lernerfolgen sofort anwendbar sind.

Unter diesem Motto sind die Beiträge der „Übungsreihen für Geistigbehinderte – Lehrgang Umgang mit Mengen, Zahlen und Größen" entstanden.

Susanne Dank

Bisher erschienen:

Übungsreihen für Geistigbehinderte Heft A1:

Geistigbehinderte lernen die Uhr im Tagesablauf kennen

Übungsreihen für Geistigbehinderte Heft A5:

Geistigbehinderte lernen den Umgang mit dem Längenmaß.

Übungsreihen für Geistigbehinderte Heft A7:

Geistigbehinderte lernen Möglichkeiten Freier Arbeit im Bereich Umgang mit Mengen, Zahlen und Größen kennen.

Anbahnung des Zahlbegriffs bei Geistigbehinderten – theoretische Einführung

Was heißt eigentlich „Zahlbegriff"?

Wenn vom Zahlbegriff die Rede ist, wird darunter entweder jede natürliche Zahl (einzeln) verstanden (= individueller Zahlbegriff), oder auch die Menge *aller* natürlichen Zahlen (1, 2, 3, ...).

Neben philosophischen, psychologischen und axiomatischen Definitionen des Zahlbegriffs ist als Grundlage von Unterrichtskonzeptionen die *mathematikdidaktische Begründung* der Zahl besonders relevant. Diese geht von der Frage aus, wozu man Zahlen konstruiert bzw. verwenden will und führt zu einer komplexen Struktur des Zahlbegriffs, bei dem sich mehrere Aspekte gegenseitig ergänzen.

Der **kardinale Aspekt** der Zahl (Kardinalzahlaspekt) gibt die Mächtigkeit von Mengen, d.h. die *Anzahl* ihrer Elemente, an (z.B. *ein* Ball, *drei* Äpfel, *fünf* Formen). (Abb. 1)

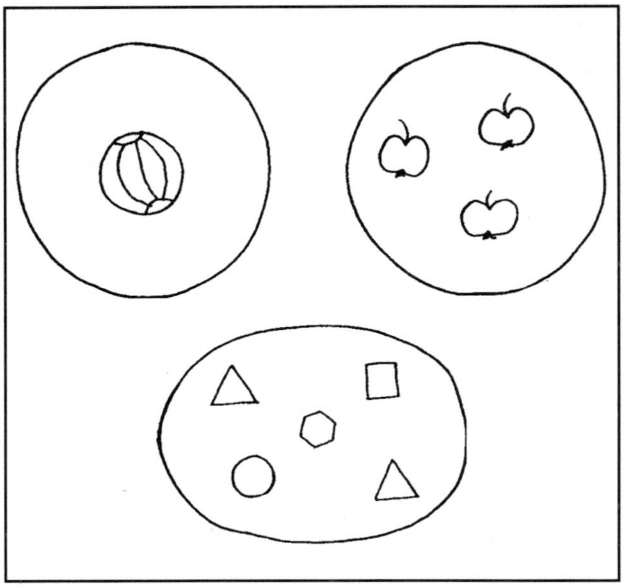

Abb. 1

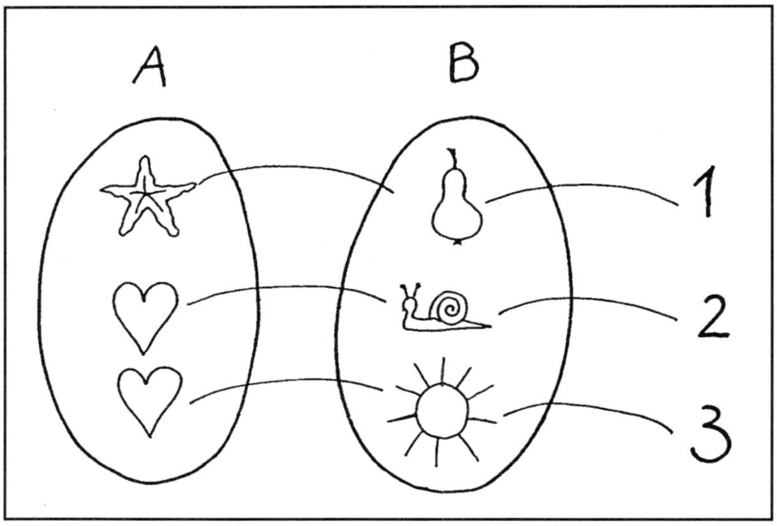

Abb. 2

Die **Kardinalzahl** (Anzahl) wird als Klasse gleichmächtiger Mengen definiert.

Die Gleichmächtigkeit zweier Mengen drückt sich in der umkehrbar eindeutigen (= ein*ein*deutigen) Zuordnung ihrer Elemente, auch Stück-für-Stück-Korrespondenz genannt, aus. (Abb. 2)

Zu *jedem* Element der Menge A gibt es also *genau* 1 Element der Menge B und umgekehrt. Die beiden Mengen A und B haben also die „gleiche Macht".

Außer den Anzahlen sind dem kardinalen Aspekt auch die **„Distributivzahlen"** untergeordnet, die mit den Bezeichnungen „je ein", „je zwei", ... wiedergegeben werden.

Der **ordinale Aspekt** des Zahlbegriffs gliedert sich in *zwei* weitere Aspekte auf: den **Zählzahlaspekt** und den **Ordnungszahlaspekt**.

Der **Zählzahlaspekt** beschreibt die *Reihe der natürlichen Zahlen* wie sie *beim Zählen* durchlaufen wird. (Abb. 3)

Der Zählprozeß kann rein verbal, d.h. ohne Bezug zu den Zählobjekten durchlaufen werden (*verbales* bzw. *abstraktes* Zählen). Diese Zählweise erfordert ein rein mechanisches Zahlengedächtnis (richtige Reihung der gesprochenen Wörter: eins, zwei, drei, ...) und muß vom „eigentlichen", sog. „elaborierten Zählen" unterschieden werden.

Abb. 3

Das *elaborierte Zählen* besitzt quantitativen Charakter, dient also der Anzahlermittlung. Es stellt einen komplexen Vorgang dar, der durch 5 grundlegende Prinzipien charakterisiert wird (vgl. GELMAN/GALLISTEL, 1978):

1) *Eineindeutigkeitsprinzip:*

   Jedem zu zählenden Gegenstand muß **genau ein** Zahlwort zugeordnet werden.

   (Typische Fehler: Es wird zu schnell gezählt, so daß Gegenstände unberücksichtigt bleiben, oder Gegenstände werden mehrfach gezählt)

2) *Prinzip der stabilen Ordnung:*

   Die Zahlwörterreihe unterliegt einer festen Ordnung, so daß die Zählzahlfolge immer die gleiche ist.

   (Typische Fehler: Auslassung oder Vertauschung von Zahlwörtern, z.B. „eins, zwei, vier, ...“ oder „..., fünf, sieben, sechs, ...“)

3) *Kardinalzahlprinzip:*

   Das letzte Glied der Zählreihe gibt zugleich die Anzahl der Elemente einer Menge an (Zusammenhang zwischen Zählzahl- und Kardinalzahlaspekt!).

   (Typischer Fehler: Nach Abzählen der Elemente einer Menge kann die Frage, **wieviele** Elemente diese enthält, nicht beantwortet werden.)

4) *Abstraktionsprinzip:*

   Beliebige Elemente können – unabhängig von ihren **qualitativen** Merkmalen (!) – nach den Prinzipien 1 – 3 gezählt werden. Zählen ist ein universell anwendbares Prinzip.

   (Typischer Fehler: Festhalten am qualitativen Aspekt der Elemente, z.B.: 5 Elemente im Mengenkreis werden folgendermaßen gezählt: „Eins-zwei-drei-Birnen und eins-zwei-Äpfel“) (Abb. 4)

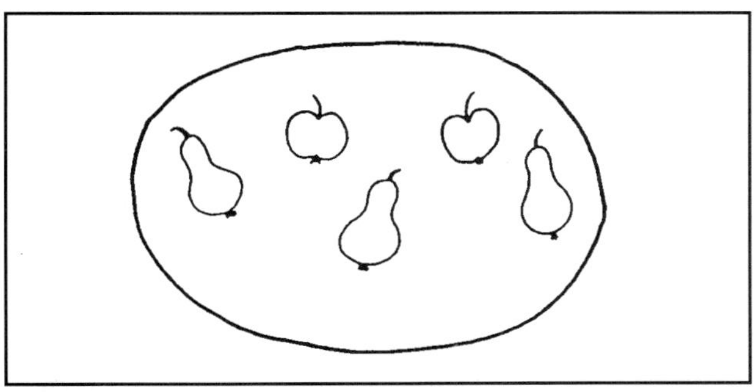

Abb. 4

5) *Prinzip von der Irrelevanz der Anordnung:*

   Die Anordnung der Zählobjekte und die Reihenfolge, in der sie gezählt werden, sind für das Zählergebnis ohne Bedeutung. (Abb. 5a und 5b)

   (Typische Fehler: Unsicherheit über das Zählergebnis, wenn die Anordnung der Gegenstände verändert wird; starres Festhalten an einer – meist linearen – Anordnung der Gegenstände, die vor dem Zählen unbedingt hergestellt werden muß)

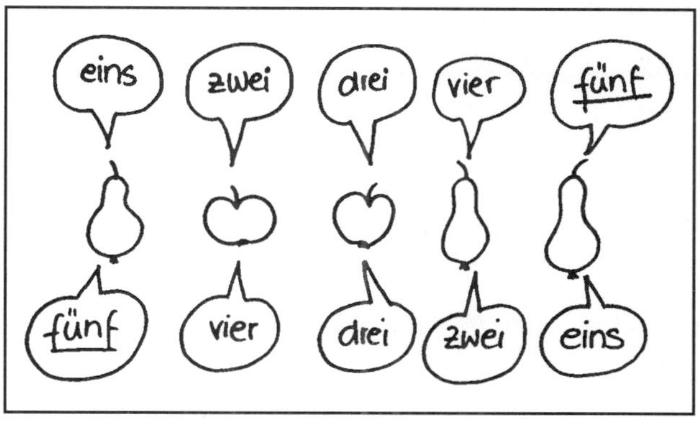

Abb. 5a (oben) und 5b (unten)

Beim **Ordnungszahlaspekt** werden Zahlen als *Rangplätze* verwandt. Die sog. **Ordnungszahlen** („der erste“, „der zweite“, ...) bezeichnen die Stellung eines Elementes in einer „*total* geordneten“ Reihe, d.h. von 2 verschiedenen Zahlen muß immer eine vor oder hinter der anderen stehen, beide können nie auf der gleichen Ranghöhe in der Zahlenreihe plaziert sein, wie dies bei einer nur „geordneten“ Reihe möglich ist (z.B. bei der Reihung von Stäben, wenn zwei oder mehrere Stäbe der *gleichen* Höhe vorhanden sind). (Siehe Abb. 6 auf S. 10)

Beim **Maßzahlaspekt**, auch Maßaspekt oder Größenaspekt genannt, werden die natürlichen Zahlen als *Maßzahlen für Größen* benutzt. Sie stehen dabei immer in Relation zu einer gewählten Einheit, z.B. 1 m, 1 g, 1 Schritt, 1 Handbreite u.a. Die **Maßzahl** dient der Benennung des Meßresultates, das durch Abtragen der entsprechenden Einheit auf bzw. in der zu messenden Größe gewonnen wird (z.B. „Das Buch ist vier

Abb. 6

Streichhölzer lang" bzw. „...mißt vier Streichholzlängen"). (Abb. 7)

Abb. 7

Der **Operatoraspekt** des Zahlbegriffs drückt die *Vielfachheit eines Vorgangs* aus. Verbal entsprechen ihm die Zahladverbien „einmal", „zweimal" usw. (Abb. 8) Diese Zahladverbien werden auch „**Wiederholungszahlen**" oder „**Iterativzahlen**" genannt. Der Operatoraspekt muß mit Hilfsabbildungen (z.B. Strichlisten) veranschaulicht werden, da er Handlungen bezeichnet, die sich in der Zeit abspielen und dadurch nicht direkt bildhaft-räumlich zugänglich sind.

Abb. 8

Der Operatoraspekt steht in engem Zusammenhang mit dem Maßzahlaspekt, da jede Operatorzahl n auch als Handlungsanweisung aufgefaßt werden kann, welche eine Einheitsgröße ver-n-facht (z.B.: 5-mal die Einheit 1 g = 5 g).

Operatorzahl Maßzahl

Der **Rechenzahlaspekt** beschreibt die natürlichen Zahlen als *Ziffern*, mit denen *schriftlich gerechnet* werden kann (vgl. Abb. 9, Zeile a), sowie als *algebraische Struktur*, die bezüglich der Rechenoperationen bestimmte Eigenschaften erfüllt, in der also *nach gewissen Gesetzen gerechnet* wird. So ist z.B. die Addition kommutativ, d.h. die Summanden sind austauschbar, und auch assoziativ, d.h. wenn ich mehrere Zahlen addiere, spielt die Reihenfolge keine Rolle (vgl. Abb. 9, Zeile b).

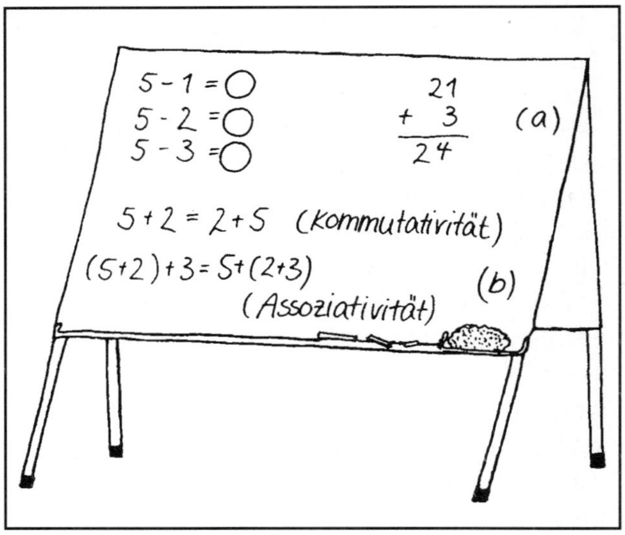

Abb. 9

Wenn *nur* mit Ziffern gerechnet wird, ohne daß die zugrundeliegenden Rechenoperationen verstanden worden sind, kommt es zu typischen Fehlern, wie z.B. daß Aufgaben nur im Kontext gleichmäßiger Folgen gelöst werden können, wie 4+1; 4+2; 4+3; ..., oder 1+1; 2+1; 3+1; ... (Gefahr von sog. „Päckchenrechnen"!), oder daß ein Wechsel der Rechenzeichen „+" und „–" bei gemischten Aufgaben übersehen wird.

Vom **Codierungsaspekt** der Zahl spricht man, wenn die natürlichen Zahlen zur organisatorischen *Unterscheidung* und *Bezeichnung* von Objekten oder Personen verwandt werden. Beispiele hierfür sind Postleitzahlen, Hausnummern, Telefonnummern (Abb. 10), Chiffrezahlen, Kundennummern u.a.

Abb. 10

Beim **Skalenaspekt** finden die natürlichen Zahlen als *Skalenwerte* Verwendung: Beispiele hierfür sind Uhr, Thermometer (Abb. 11) und Waage. Dieser Aspekt kann auch dem Maßaspekt zugeordnet werden.

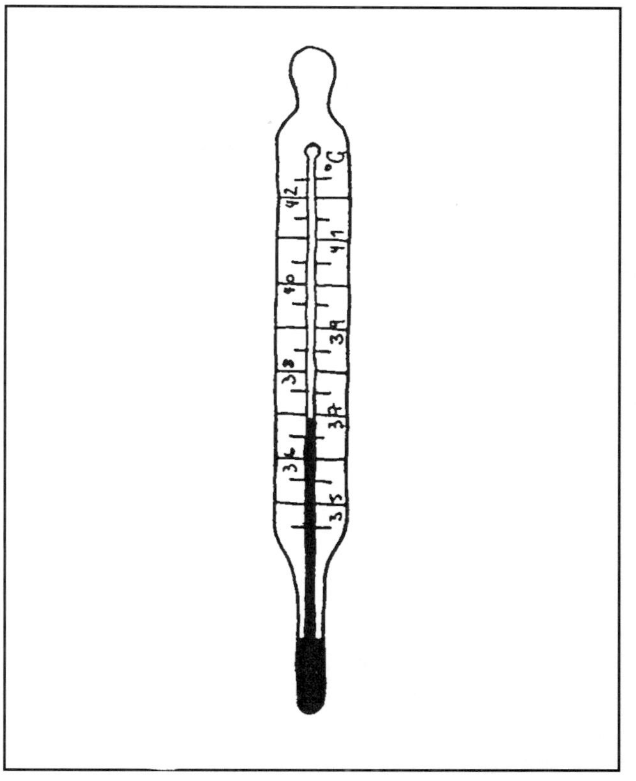

Abb. 11

Zur Entwicklung (Genese) des Zahlbegriffs

Will man bei einem Kind den Zahlbegriff anbahnen, muß man zunächst überprüfen, welche Voraussetzungen, Fähigkeiten und Kenntnisse es hinsichtlich der Zahlbegriffsentwicklung schon erworben hat. Hierzu ist es hilfreich, die verschiedenen „Stufen" bei der Genese der einzelnen Zahlaspekte zu kennen. Diese entwickeln sich unterschiedlich schnell und nach jeweils eigenen Gesetzmäßigkeiten.

Folgende Ausführungen beziehen sich auf die Genese beim nicht behinderten Kind, die jedoch offensichtlich beim geistigbehinderten gleich verläuft.

„Die Entwicklung des Zahlbegriffs bei geistig Behinderten entspricht der Entwicklung bei normal intelligenten Kindern anderer Lebensalter." (Schmitz 1977, 137)

Entwicklung des kardinalen Aspektes

Die Genese des kardinalen Aspektes der Zahl wurde vor allem von dem Schweizer Erkenntnistheoretiker Jean Piaget erforscht und veröffentlicht. Nach ihm bildet sich der Zahlbegriff aus einer Synthese zwischen Kardinal- und Ordinalaspekt, wobei Piaget aber der Zählzahlkomponente des ordinalen Aspektes keine Bedeutung beimißt.

Voraussetzung für die Entwicklung der Kardinalzahl ist nach Piaget zum einen die Fähigkeit des Kindes, Mengen mittels eineindeutiger Zuordnung (= *Stück-für-Stück-Korrespondenz*) vergleichen zu können, zum anderen bei diesem Vergleich die Unabhängigkeit der Quantität (Umfang/Größe) der Menge von qualitativen und strukturellen Merkmalen zu erkennen (= *Invarianz der Menge*). Denn erst, wenn die Kinder im pränumerischen Bereich verstehen, daß die Quantität einer Menge sich auch bei geänderter äußerer Erscheinung nicht verändert (= Mengenerhaltung), können sie seines Erachtens im numerischen Bereich erfassen, daß die „Anzahl" ein Eigenschaftswort für eine ganze Klasse von Mengen ist, die lediglich „gleichmächtig" sein müssen, aber durchaus unterschiedliche Qualität und Struktur aufweisen können (vgl. Piaget/Szeminska 1975, 61 ff).

Piaget beschreibt bei der *Entwicklung des Kardinalzahlaspektes* drei Stadien:

Kinder im Alter von ca. 4 – 5 Jahren vermögen beim Mengenvergleich diskreter Mengen *weder eine Stück-für-Stück-Korrespondenz* vorzunehmen *noch* die *Mengeninvarianz* bei Veränderung der Anordnung der Objekte zu erkennen. Sollen sie zu einer vorgegebenen Menge *gleich-*

viele Elemente legen, orientieren sie sich einzig am eingenommenen Raum der Menge und legen beispielsweise ohne Korrespondenz und Beachtung der Anzahl eine gleich*lange* Reihe von Elementen zur vorgegebenen Menge. (**Stufe 1**, Stadium des globalen Vergleichs) (Abb. 12)

Abb. 12

Kinder im Alter von ca. 5 – 6 Jahren sind wohl *fähig*, gleichviele Elemente durch *Stück-für-Stück-Korrespondenz* anzugeben, jedoch bei Veränderung der Lage der Elemente (z.B. Auseinanderziehen einer Reihe) schwanken sie in ihrem Urteil darüber, ob nun immer noch gleichviele vorhanden sind. Sie zentrieren dabei ihre Aufmerksamkeit abwechselnd auf den einen oder anderen Aspekt der Formveränderung (z.B. Länge der Reihe oder Dichte der Elemente), ohne beide miteinander gedanklich/logisch verknüpfen zu können. (**Stufe 2**, Stadium des qualitativen Vergleichs) (Abb. 13)

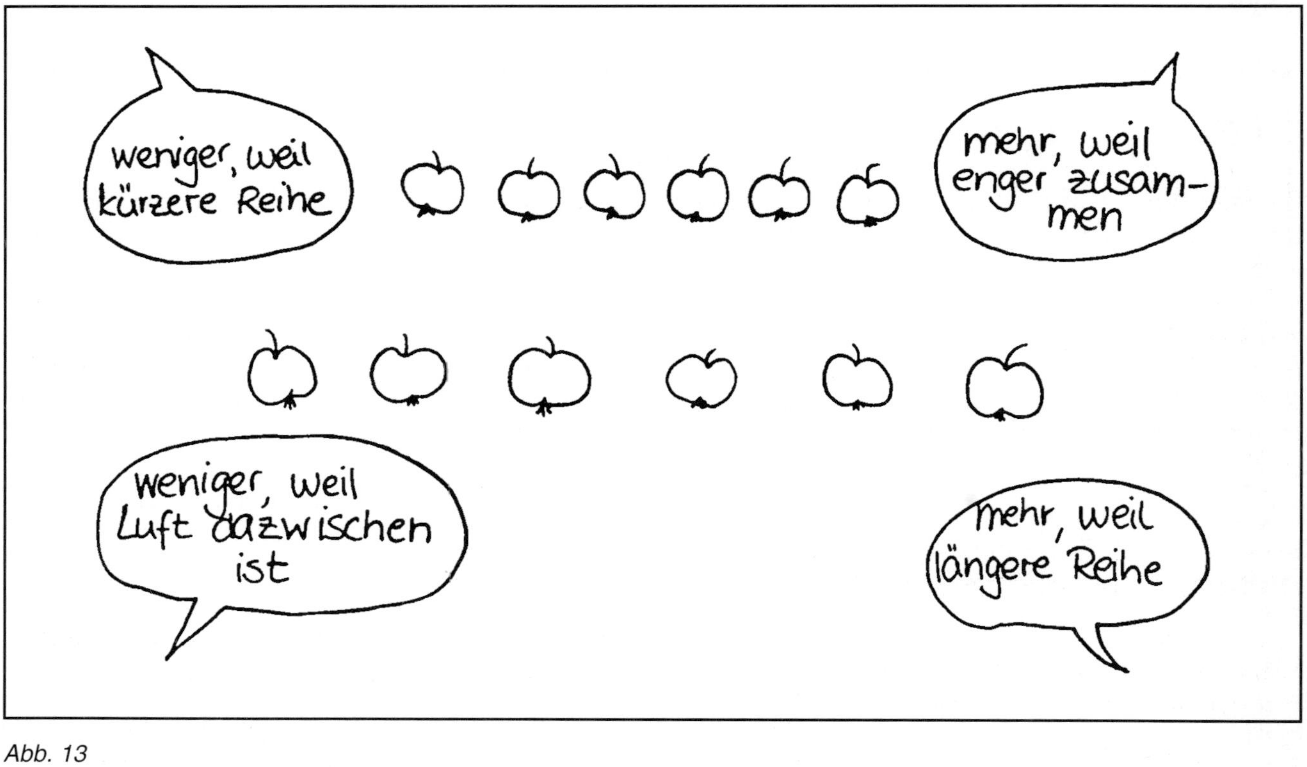

Abb. 13

Kinder im Alter von ca. 7 Jahren an können nun mehrere Aspekte eines Sachverhaltes miteinander verbinden und so die *Invarianz einer Menge* bei räumlicher oder qualitativer Veränderung *erkennen* (**Stufe 3**, Stadium des quantitativen Vergleichs). Sie haben somit die Voraussetzung zum „Erfassen" der Zahl in ihrem kardinalen Aspekt erworben. (Siehe Abb. 14, S.13)

Bei geistigbehinderten Kindern ist es sinnvoll, eine *weitere Stufe zwischen die 1. und 2.* (nach PIAGET) einzuschieben. Denn es gibt viele, die zwar eine Mengengleichheit durch Stück-für-Stück-Korrespondenz herstellen können (Stufe 1), bei veränderter Anordnung der Elemente jedoch in ihrem Urteil bezüglich der Mengengleichheit keineswegs schwanken (Stufe 2 nach

Abb. 14

PIAGET), sondern sich vielmehr *ausschließlich von der Wahrnehmung der räumlichen Dimension leiten* lassen und ganz fest behaupten, daß nun nicht mehr gleichviele Dinge vorhanden seien. (Abb. 15)

Somit kann man beim geistigbehinderten Kind *vier* „Entwicklungsstufen" bei der Genese des Kardinalzahlaspektes beschreiben.

Abb. 15

Entwicklung des Ordnungszahlaspektes

Voraussetzung für die Ausbildung der Ordnungszahl ist nach PIAGET (1970[4], 60 ff) die Reihung von Objekten nach ihrer Größe.

Er unterscheidet wiederum drei Stadien bei der Ordnung verschiedener Elemente (z.B. Stäbe) in einer linearen Reihung. Kinder im Alter von 5 – 6 Jahren können die Stäbe noch nicht in einer Reihe anordnen, sie *ordnen sie* vielmehr *in Paaren* mit der Abstufung um je einen Größenunterschied. (**1. Stadium**)

Kinder im Alter von 6 – 7 Jahren sind in der Lage, über „Versuch und Irrtum" die *Reihe* allmählich *richtig aufzubauen*. Nimmt man jedoch einige Stäbe aus der fertigen Reihe heraus, gelingt es ihnen nicht, diese wieder richtig einzusortieren.

(Siehe Abb. 16, S.14)

Denn die einmal „fertige" Reihe bildet eine geschlossene Gesamtform (trotz der Lücken), und es ist schwerer, einen Stab mit jenen zu vergleichen, die bereits Teil einer Struktur sind, als ihn an isolierten Gliedern zu messen. (**2. Stadium**)

Kinder im Alter von ca. 8 Jahren schließlich bauen die Reihe zügig nach einer eigenen „Methode" auf und haben auch keine Schwierigkeiten, aus der Reihe *entfernte Stäbe wieder richtig einzufügen* oder gar *neue Stäbe* mit geringerem Größenunterschied *dazwischen einzuordnen*. (**3. Stadium**)

Abb. 16

Kinder im Alter bis ca. 6 Jahre *beachten die Niveauunterschiede* der Unterlagen überhaupt *nicht*. Sie behaupten fest (auch bei kritischen Anmerkungen des Untersuchers), daß die Objekte nicht gleich hoch sind, sie verlassen sich also ausschließlich auf ihre visuelle Schätzung. Aufgrund fehlender Höheninvarianz ist ihnen noch keinerlei Maßurteil möglich. (**1. Stadium**)

Kinder im Alter von ca. 6 – 7 Jahren sind in der Lage, ein *richtiges Urteil* hinsichtlich der *Höheninvarianz* abzugeben, also zu erkennen, daß beide Objekte gleich hoch sind, nachdem sie die Objekte auf gleiche Unterlagenhöhe gebracht haben und ihnen so ein *direkter Vergleich* möglich ist. Ebenso geben sie richtige Invarianzurteile ab, wenn man vor ihren Augen Transformationen hinsichtlich der Höhe oder Länge von Objekten vornimmt. Ein erstes Maß in Form eines *unmittelbaren* Vergleichs von Objekten hat sich bei ihnen angebahnt. Ist es jedoch nicht möglich, die Objekte direkt miteinander zu vergleichen, so sind die Kinder noch nicht in der Lage, über die Wahl mittelbarer Maße zu einer richtigen Aussage hinsichtlich des Höhenvergleichs zu kommen. (**2. Stadium**)

Auch bei der Diagnose dieses Zahlaspektes ist es sinnvoll, für geistigbehinderte Schüler ein *zusätzliches „Stadium“* aufzunehmen. Da viele noch nicht in der Lage sind, 2 Stäbe miteinander zu vergleichen, also Paare zu bilden, was bei PIAGET auf der 1. Stufe schon gegeben ist, sollte man dem 1. PIAGET-Stadium noch eine Stufe voranstellen (Unfähigkeit zum Paarvergleich).

Somit erhält man auch bei der Genese des Ordnungszahlaspekts *vier* Entwicklungsstufen.

Entwicklung des Maßzahlaspektes

Wenngleich PIAGET nur den kardinalen und den ordinalen Aspekt der Zahl für deren Entwicklung bedeutsam hielt, so untersuchte er doch auch die Entwicklung des „Maßes“ beim Kind (vgl. PIAGET 1970[4], 63 ff).

Soll ein Kind beispielsweise die Höhe zweier gleich hoher Objekte, die jedoch auf unterschiedlich hoher Unterlage stehen, miteinander vergleichen, so zeigen sich hierbei verschiedene Entwicklungsstufen auf dem Weg zur Ausbildung des Maßes. (Abb. 17)

Kinder im Alter ab ca. 7 Jahren beginnen ein erstes *mittelbares Maß* anzuwenden, indem sie beispielsweise ihre Hände verwenden oder ein 3. Objekt herstellen oder nehmen, das die gleiche Höhe wie die beiden zu vergleichenden Objekte besitzt, und dieses dann neben jene stellen bzw. halten. (**3. Stadium**)

Etwas ältere Kinder sind in der Lage, aus zur Verfügung stehenden verschieden langen Stäben einen Stab auszuwählen, der *länger* als die zu vergleichenden Objekte ist, und daran mit der Hand die *Länge des einen Objektes abzutragen* und mit dem anderen Objekt zu vergleichen. (**4. Stadium**) (Siehe Abb. 18, S. 15)

Schließlich haben Kinder mit ca. 8 Jahren die Funktion des Maßes voll erfaßt, wenn sie ein *sehr kleines Objekt*, z.B. ein Streichholz, *als mittelbares Maß* auswählen und dieses zählend, so oft wie nötig, an den zu vergleichenden Objekten abtragen. (**5. Stadium**)

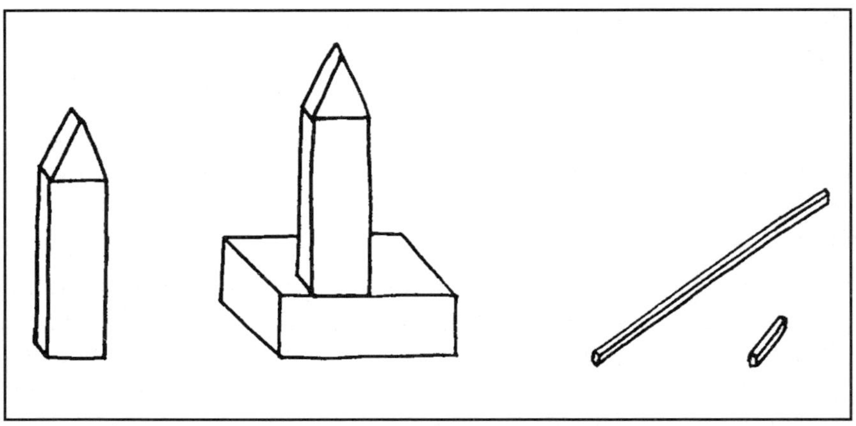

Abb. 17

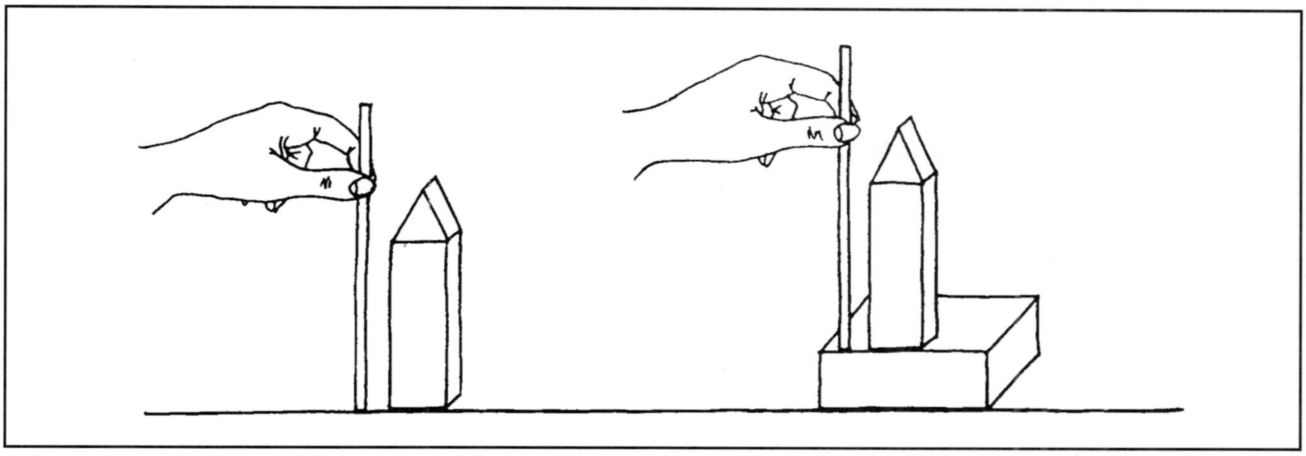

Abb. 18

Entwicklung des Zählzahlaspektes

Die Genese des Zählzahlaspektes wurde sowohl von alten „Zählzahldidaktikern" als auch von amerikanischen zeitgenössischen Autoren untersucht (u.a. KEMPINSKY 1920[8]; KÜHNEL 1966[11]; GELMAN/GALLISTEL 1978; FUSON et al. 1982), die *unterschiedlich weit ausdifferenzierte* Stufenfolgen bei der Entwicklung des Zählzahlaspektes und somit *unterschiedlich viele* Stufenfolgen (je nach Differenzierungsgrad) beschreiben.

Die hier vorgenommene *Numerierung* der Entwicklungsstadien, welche jene der o.a. Autoren integriert, entspricht daher nur partiell derjenigen dieser Didaktiker.

Die **1. Stufe** (ab ca. 3 J.) der Entwicklung der Zählzahlkompetenz ist erreicht, wenn das Kind mehrere Objekte der gleichen Art (homogene Mengen) oder iterative (sich wiederholende) Handlungen einzeln wahrnimmt, eine *Folge der „Einheiten" erkennt* und mit „eins, noch eins, noch eins, ..." oder „eins, wieder, wieder, ..." und ähnlichen Wörtern zu „zählen" beginnt (Abb. 19). EBERSOLE u.a. (1976) und BORGARDS (1973[4]) beschreiben im Hinblick auf geistig- bzw. lernbehinderte Kinder diese Stufe als grundlegend für die Entwicklung des Zählens.

Abb. 19

Auf der **2. Stufe** verfügt das Kind (ca. 3 – 4 J.) schon über ein Stück der Zahlenreihe (z.B. 1 – 5 oder 1 – 10), die es zwar korrekt aufsagen (*„abstraktes"* oder *„verbales" Zählen*), aber noch nicht zum korrekten Aus- und Abzählen von Objekten verwenden kann.

Die **3. Stufe** ist erreicht, wenn beim Auszählen einer kleinen Menge von Elementen die *korrekte Zuordnung von Zählobjekten mit dem entsprechenden Zahlwort* gelingt. Die ersten beiden Zählprinzipien werden also erfaßt. Das Kind versteht jedoch noch nicht den Zusammenhang zwischen Zählzahl und Kardinalzahl (3. Zählprinzip), weiß also nicht, daß es immer 5 Gegenstände hat, wenn es bis 5 ausgezählt hat. (Alter der Kinder: ca. 4 Jahre) (Abb. 20)

Abb. 20

Auf der **4. Stufe** gelingt dem Kind (ca. 5 J.) korrektes Auszählen von Mengen im Zahlenraum 1 – 5, d.h. das *kardinale Prinzip* (letzte Zählzahl = Anzahl) ist jetzt *erfaßt*. Das Kind kann aber noch nicht von einer beliebigen Zahl aus weiterzählen, sondern beginnt immer bei 1.

Die **5. Entwicklungsstufe** zeichnet sich dadurch aus, daß das Kind (ca. 5 – 6 J.) nun zwar schon im *Zahlenraum (ZR) bis 10 oder 20* entsprechend den 3 ersten Zählprinzipien zählen kann, ihm dabei aber noch *bis zu 40 % Zählfehler* unterlaufen in Form von beispielsweise mangelnder Koordination zwischen Zählobjekten und Zahlwörtern (Nichtberücksichtigen eines Objektes, mehrmaliges Zählen eines Gegenstandes u.a.).

Die **6. Stufe** ist die *„Ebene des Weiterzählen-Könnens“*. Das Kind (ca. 6 – 7 J.) kann jetzt weitgehend ohne Fehler zählen sowie von einer beliebigen Zahl an aufwärts weiterzählen oder auch rückwärtszählen (Abb. 21a und 21b). Es hat nun auch das 4. und 5. Zählprinzip erfaßt (Abstraktion von Eigenschaften der Zählobjekte und Irrelevanz deren Anordnung).

Abb. 21a

Abb. 21b

Entwicklung des Rechenzahlaspektes

Die Genese des Rechenzahlaspektes (algebraischer Aspekt) wurde von verschiedenen Autoren, vor allem in Amerika und England, untersucht (u.a. STARKEY/GELMAN 1982, 99).[1]

Bereits 3-jährige Kinder erkennen teilweise schon, daß Mengen durch *Hinzufügen* von Elementen *vergrößert* und durch *Wegnehmen* von Elementen *verkleinert* werden (Abb. 22).

Diese Eigenschaft von Mengen, so nach bestimmten Gesetzmäßigkeiten verändert werden zu können, nennt man *„Mengenvarianz“*.

Das Erkennen dieser grundlegenden Prinzipien der Rechenoperationen kann als **1. Stufe** der Entwicklung des Rechenzahlaspektes bezeichnet werden.

Abb. 22

Im Alter zwischen 3 – 4 Jahren sind bereits über 50 % der von verschiedenen Autoren untersuchten Kinder in der Lage, im ZR 1 – 4 *einfache Additions- bzw. Subtraktionsaufgaben der Form x + 1, x - 1* an konkreten Objekten zu lösen, indem sie das Ergebnis durch Zusammenzählen bzw. Auszählen der Objekte (beim Addieren) oder Auszählen der Restkollektion (beim Subtrahieren) ermitteln. BORGARDS (1973[4]) nennt diese Stufe der Lösung von Additions- und Subtraktionsaufgaben in „Einerschritten“ *Stufe des „Erweiterten Zählaktes“*. Sie wäre hier die **2. Stufe** der Rechenzahlgenese.

Im Alter von ca. 4 Jahren kann die Mehrzahl der Kinder sog. *„vollständige Inversionsaufgaben“* lösen (**3. Stufe**).

Es handelt sich dabei um Aufgaben der Form a + b – b = a oder a – b + b = a, welche die Kinder lösen können, auch wenn a außerhalb ihrer numerischen Zählreichweite liegt. Sie müssen dabei noch nicht einmal Zahlen kennen, da diese Umkehraufgaben auf pränumerischer Ebene gelöst werden können. Das Erkennen, daß man zu einer Menge von Objekten die gleiche Anzahl von Dingen wieder hinzufügen muß, die man zuvor weggenommen hat, wenn die Menge gleichgroß bleiben soll, ist hierbei ausschlaggebend. (Siehe Abb. 23, S. 18)

Kinder auf dieser Entwicklungsstufe können jedoch noch nicht sog. *„unvollständige Inversionsaufgaben“* lösen.

Solche Aufgaben haben die Form a + 2 – 1 oder a – 2 + 1, d.h. zwei Objekte werden hinzugefügt (oder weggenommen), aber nur *ein* Objekt wird danach wieder entfernt (oder zurückgegeben).

Erst im Alter von ca. 5 Jahren können die meisten Kinder die Lösung solcher unvollständigen Inversionsaufgaben angeben. Gleichzeitig bewältigen sie jetzt auch *Additionsaufgaben* der Form a + b mit b > 1 im ZR 1 – 6 mit konkreten Objekten *durch Zusammenzählen der Summanden* (von 1 an beginnend) sowie *Subtraktionsaufgaben* analoger Art *durch Auszählen der Restkollektion* (**4. Stufe**). (Siehe Abb. 24, S. 18)

Im Alter ab ca. 6 Jahren lösen die meisten Kinder *Additionsaufgaben* im ZR 1 – 6 *durch Weiterzählen* vom kardinalen Wert des größeren Summanden aus und *Subtraktionsaufgaben durch Rückwärtszählen* um die Anzahl der Einheiten des Subtrahenden (meist erst ab 7 Jahren). Dies wäre somit die **5. Stufe** der Genese des Rechenzahlaspektes.

---

1) Die Autoren sprechen nicht ausdrücklich von „Stufen“ der Entwicklung des Rechenzahlaspektes. Die Stufenbezeichnung wird hier in Analogie zu den Stadien bei der Beschreibung der Genese der anderen Zahlaspekte gewählt, um bei der Diagnose des Entwicklungsstandes der Schüler auch in bezug auf diesen Aspekt einen vergleichbaren Überblick zu erhalten.

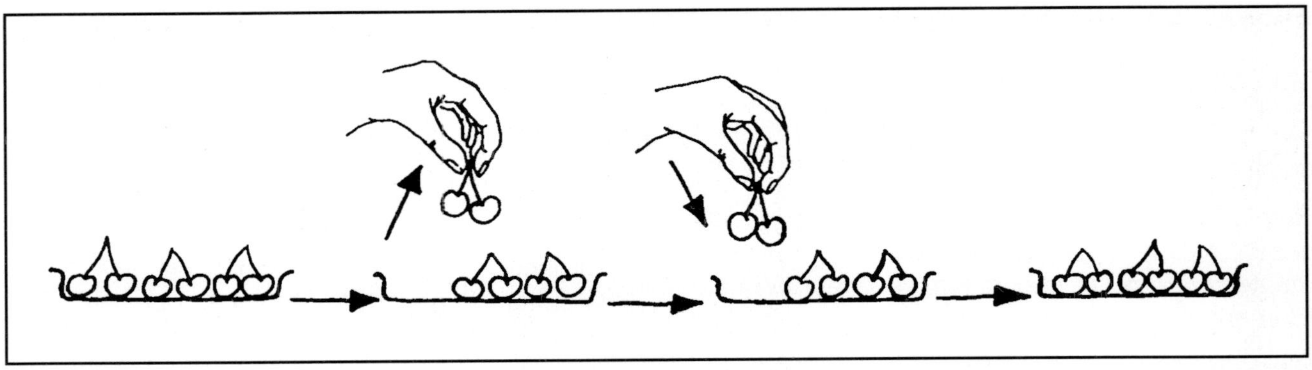

Abb. 23

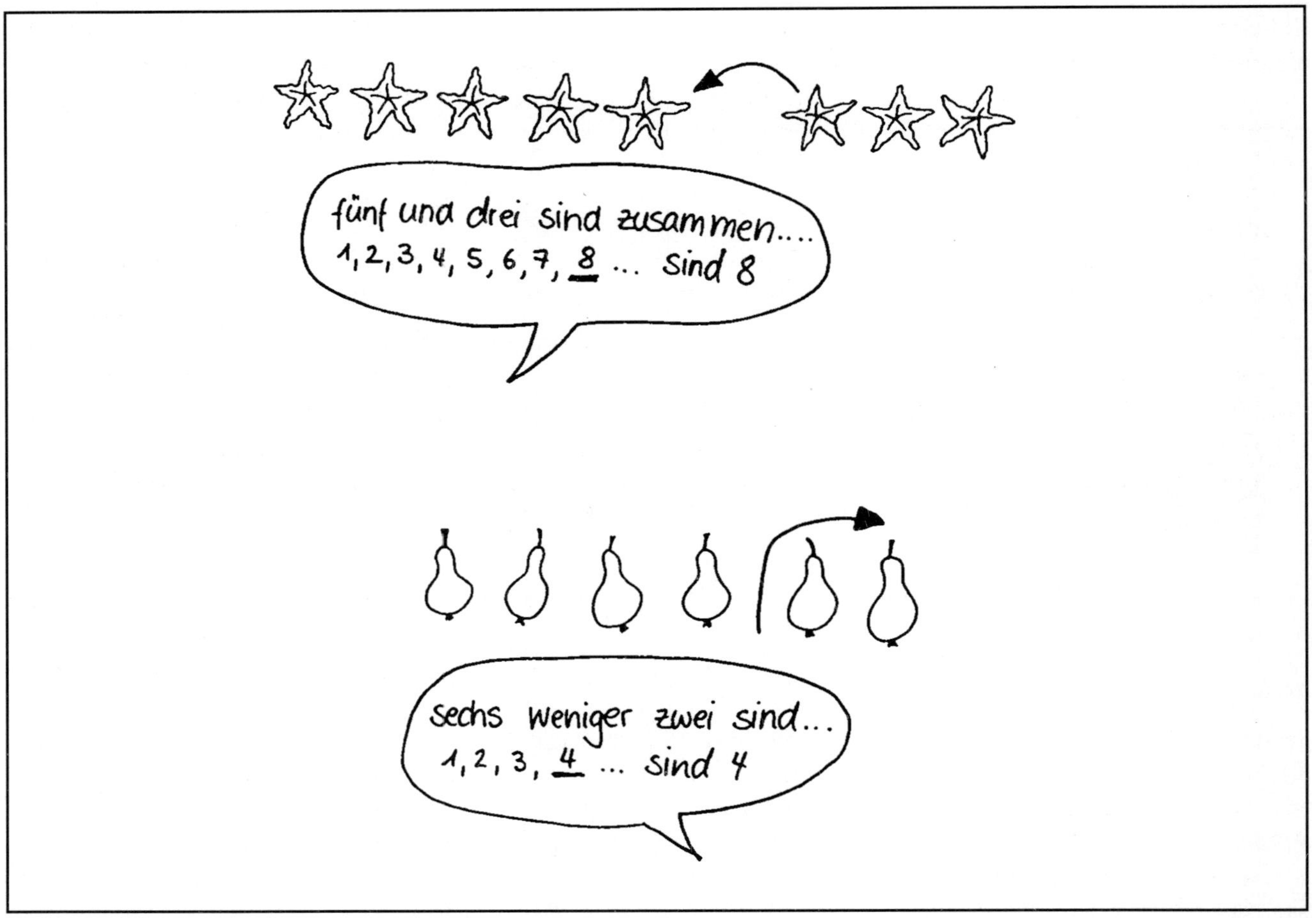
fünf und drei sind zusammen....
1, 2, 3, 4, 5, 6, 7, 8 ... sind 8
sechs weniger zwei sind...
1, 2, 3, 4 ... sind 4

Abb. 24

Wie kann man bei geistigbehinderten Kindern den Zahlbegriff anbahnen?

Unter **Anbahnung** wird hier eine **breite Grundlegung des Zahlbegriffs** verstanden, wobei das geistigbehinderte Kind sukzessive die **verschiedenen Bedeutungen der Zahl (ihre Aspekte)** kennenlernen und in ihrem natürlichen Anwendungskontext erfahren soll.

Dieser „breiten Grundlegung" wird größter Wert beigemessen, haben doch die fachwissenschaftlichen Erkenntnisse der letzten 10 – 15 Jahre die Nachteile der einseitigen Betonung *eines* Zahlaspektes bei der Erarbeitung des Zahlbegriffs deutlich aufgezeigt. (vgl. u.a. Fuson/Hall 1983; Gelman/Gallistel 1978; Radatz 1982; Schmidt, R. 1982; Schmidt, S. 1983).

So war z.B. mit der Einführung der Mengenlehre und der sog. „Neuen Mathematik" der Kardinalzahlaspekt zuungunsten der übrigen Aspekte stark überbewertet worden. Es ging bei dieser auf der Mengenlehre beruhenden Mathematik hauptsächlich um *An*zahlen (z.B. Mengen vergleichen oder ordnen), während Zähl-, Operator-, Ordnungs-, Maßzahlen u.a. vernachlässigt wurden.

Damit unterrichtete man nicht nur an den Vorkenntnissen, den Interessen und natürlichen Bedürfnissen der Kinder vorbei, die bereits vor Schuleintritt über einige Zählkompetenzen verfügen und offensichtlich Freude am rhythmischen Zählen, an Zählversen, Abzählreimen und Auszählen von Mengen, sowie auch an Längen-, Größenvergleichen und einfachen Additions- und Subtraktionsspielen haben, sondern das Zählen und der Umgang mit Zahlen waren sogar verpönt oder verboten, wenn die Kinder noch nicht richtig mit Mengen „operieren" konnten oder die Mengeninvarianz noch nicht begriffen hatten.

Inzwischen weiß man, daß der Zählzahlaspekt einen bedeutenden Einfluß auf die Entwicklung der anderen Zahlaspekte hat.

Entgegen der Auffassung von Piaget und auch von Wittmann, J. (1967[4], 265 und 450), daß Kinder zuerst den Mengeninvarianzbegriff (Erhaltung) erwerben müssen, bevor sie zählen und mit Zahlen umgehen können, ist man nach vielfältigen Untersuchungen heute davon überzeugt, „daß eher das Zählen eine grundlegende Bedingung für die Entwicklung des Invarianzbegriffs ist als die Einsicht in bzw. Anwendung der Korrespondenzmethode." (Radatz 1982, 160).

Die Erfahrung, daß man beim Zählen einer Menge immer wieder bei derselben Zahl ankommt, unabhängig davon, wie die Menge aussieht oder wie ihre Elemente angeordnet sind, kann zur „Invarianzeinsicht" führen. (Abb. 25a und 25b)

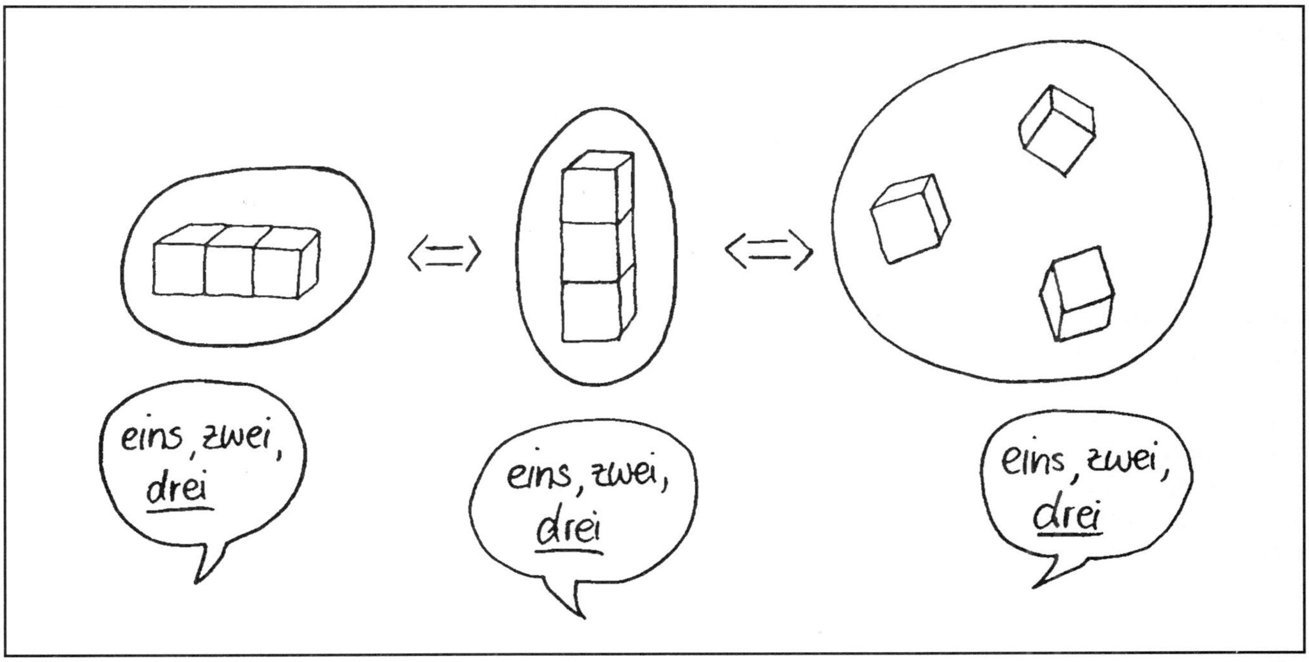

Abb. 25a

Abb. 25b

Die Bedeutung des Zählzahlaspektes für die Entwicklung des Maßaspektes heben FUSON/HALL (1983, 82f) hervor. Sie beschreiben, daß das Abzählen von Maßeinheiten und somit die Angabe der jeweiligen Maßzahlen beim Vergleich zweier Objekte zur Ausbildung des Höhen- oder Längeninvarianzbegriffes verhilft.

Der Einfluß des Zählzahlaspektes auf den Rechenzahlaspekt zeigt sich einerseits darin, daß die vollständigen Inversionsaufgaben durch das Zählen überprüfbar werden und zur Lösung der unvollständigen Umkehraufgaben hinführen, andererseits dadurch, daß Addition und Subtraktion über die Zählakte Zusammen-, Weiter- und Rückwärtszählen erstmals zugänglich werden.

Wenngleich sich geistigbehinderte Kinder in ihrem Lernverhalten von nichtbehinderten, für welche die oben angeführten wissenschaftlichen Erkenntnisse gewonnen wurden, unterscheiden (u.a. durch wesentlich geringeres Lerntempo, eingeschränktes Kurz- und Langzeitgedächtnis, mangelhafte Fähigkeit zur Verinnerlichung von Handlungen und zum Transfer), sind ihre numerischen Vorkenntnisse und die Stufenabfolge der Zahlbegriffsgenese dennoch mit denen der normal intelligenten Vorschulkinder vergleichbar.

Dies betrifft insbesondere eine vorhandene Zählkompetenz bei fehlender Mengeninvarianzeinsicht sowie den Versuch, Mengen- und Höhenvergleiche, Additions- und Subtraktionsaufgaben zählend zu lösen. Allerdings liegen die Kenntnisse insbesondere der Unterstufenschüler in der Regel nicht auf dem Niveau der nichtbehinderten Vorschulkinder sondern noch darunter, auf Entwicklungsstufen also, die dem „normalen" 3- bis 4jährigen Kind entsprechen.

Da außerdem beim geistigbehinderten ebenso wie beim nichtbehinderten Kind eine gewisse Zähllust zu beobachten ist, dürfte der *Zugang* zum Zahlbegriff *über den Zählzahlaspekt* auch für diese Schüler der kindgemäßeste sein.

Während jedoch für normal intelligente Schüler in der Fachdidaktik eine *parallele* Einführung *aller* Zahlaspekte unter besonderer Berücksichtigung der Zählzahl gefordert wird (vgl. u.a. SCHIPPER 1981), um bei ihnen flexibles Denken zu schulen, führt diese Methode bei geistigbehinderten Kindern in der Regel eher zu Verwirrung.

Gemäß dem für den Unterricht mit Geistigbehinderten geforderten Prinzip der „Isolierung von Schwierigkeiten", nach dem das Kind stets nur mit *einem* neuen Inhaltsaspekt konfrontiert werden soll, ist es sinnvoller, zunächst die einzelnen Zahlaspekte *nacheinander* einzuführen und anzubahnen. Allerdings wird dabei der Zählzahlaspekt durch seine natürliche Verknüpfung mit den anderen Zahlaspekten bei deren Erarbeitung häufig integriert sein.

Sobald die Schüler einigermaßen gefestigte Fähigkeiten hinsichtlich der einzelnen Aspekte ausgebildet haben (dabei kann die jeweilige numerische Reichweite durchaus noch klein sein, z.B. ZR 1 – 5), sollen nach und nach auch mehrere Aspekte gleichzeitig eingeübt werden.

Wie könnte ein Lehrgang zur Anbahnung des Zahlbegriffs aussehen ?

Aus den oben angeführten Erkenntnissen ergeben sich für einen Lehrgang zur Anbahnung des Zahlbegriffs bei geistigbehinderten Schülern folgende Konsequenzen:

- Der Lehrgang sollte sich aus verschiedenen Unterrichtsreihen zusammensetzen, die jeweils einen Zahlaspekt anbahnen.
- Der Zugang zum Zahlbegriff sollte über den Zählzahlaspekt erfolgen, d.h. die ersten Unterrichtsreihen werden die Anbahnung und Ausweitung der Zählkompetenz der Kinder beinhalten bzw. ggf. die Voraussetzungen dafür erarbeiten (z.B. den Reihenbegriff). Dieser Anspruch ergibt sich nicht nur aus den wissenschaftlichen Erkenntnissen zur Zahlbegriffsentwicklung und -einführung, sondern auch aus der Forderung nach der Lebensbedeutsamkeit des Unterrichts für geistigbehinderte Schüler. Sinnvolles, korrektes Zählenkönnen ist gerade auch für die Kinder wichtig, die vielleicht nie einen umfassenden Zahlbegriff erwerben können. Sie wären dadurch wenigstens in der Lage, z.B. beim Kochen nach (Bild)rezepten vorgegebene Zutaten abzuzählen (Abb. 26), für eine größere Gruppe den Tisch richtig zu decken, sich bei Würfelspielen aktiv zu beteiligen, die Schläge der Turmuhr abzuzählen und daraus die Zeit zu schließen und später in der Werkstatt zählend Web- und Stickarbeiten durchzuführen oder eine vorgegebene Anzahl von Artikeln einzutüten oder zu sortieren.

Abb. 26

- Die einzelnen Zahlaspekte sollen in den jeweiligen Unterrichtsreihen in ihrem natürlichen Zusammenhang mit dem Zählzahlaspekt erarbeitet werden.
- Die ersten Unterrichtsreihen sollen beim numerischen Entwicklungsniveau eines 3- bis 4jährigen nichtbehinderten Kindes ansetzen und die einzelnen Zahlaspekte – mit allen unmittelbaren Voraussetzungen – in kleinsten Schritten aufbauen.
- Bei Schülern, die bereits zählen können, sollte die Zählkompetenz in zweierlei Richtung ausgebaut werden: einmal hinsichtlich einer größeren numerischen *Reichweite* beim Zählen, zum anderen im Hinblick auf *korrektes Zählen*, also eine Verminderung der Zählfehler, die bei fast allen geistigbehinderten Unterstufenschülern vorhanden sind.
- Der Aufbau und die Reihenfolge der einzelnen Unterrichtsreihen sollten weitgehend den entwicklungsmäßigen Besonderheiten der Zahlaspekte folgen, also die Entwicklungsstufen und Altersrelationen berücksichtigen.
- Der Lehrgang sollte kein stringentes Curriculum darstellen, sondern eine Ansammlung von Unterrichtsreihen, die anhand eines gemeinsamen, im folgenden aufgeführten Grobziels und anhand der in diesem Heft erörterten theoretischen Grundlagen von jedem Lehrer für seine Schüler individuell erstellt werden können.[2]

Zum Grobziel des Lehrgangs

Die verschiedenen Unterrichtsreihen zur Anbahnung des Zahlbegriffs (über die einzelnen Zahlaspekte) können alle folgendem Grobziel unterstellt werden:

„Die Schüler sollen die Zahlen 1 – 10 als Zählzahlen und im Zusammenhang mit diesen als Operator-, Kardinal-, Rechen-, Ordnungs- und Maßzahlen sowie in ihrer Zifferndarstellung kennen- und anwenden lernen."

Der Zahlenraum wird hier – im Sinne einer *Anbahnung* des Zahlbegriffs – auf 1 bis 10 beschränkt. Sicherlich werden (und dürfen) manche Kinder auch schon über 10 hinauszählen, doch soll die Erarbeitung der Zahl mit ihren verschiedenen Aspekten erst in dem durch die Fingerrepräsentation noch sehr anschaulichen Zahlenraum grundgelegt werden, bevor die Schüler den „Zehnerübergang", der eine fortgeschrittene Abstraktionsstufe darstellt, auch rechnerisch (nicht nur verbal!) bewältigen lernen.

Um einzelne Unterrichtsreihen entwickeln zu können, ist es hilfreich, die dem Grobziel sachlich inhärenten Inhalts- und Verhaltensbereiche zu analysieren.

Der Übersichtlichkeit wegen sind deren Vielschichtigkeit bzw. Komplexität in vereinfachten Skizzen dargestellt. Soweit dies möglich war, wurden darin die einzelnen Aspekte nach entwicklungspsychologisch oder sachlogisch bedingtem Schwierigkeitsgrad angeordnet (von unten nach oben zunehmend!).

Skizze zu den Inhaltsaspekten des Grobziels: siehe Abb. 27, S. 23.

Der Haupt***inhaltsaspekt*** des Grobziels, die *Zählzahl* bzw. die *Zählkompetenz*, stellt sich in *zwei „Dimensionen"* dar: die eine besteht in der **numerischen Reichweite**, d.h. im Zählumfang, in welchem ein Kind korrekt zählen kann, die andere in der **Einhaltung der Zählprinzipien**, also im korrekten Zählen bzw. dem Vermeiden von Zählfehlern.

Da das Erfassen dieser Zählprinzipien, die nichts anderes als „Regeln" sind, Voraussetzung für richtiges Zählen-Können ist, kann das Aneignen von Zählkompetenz dem Lerntyp „Regellernen" zugeordnet werden. Bei dieser Lernart werden nach GAGNÉ (1975[4]) Ketten von zwei oder mehre-

---

2) Innerhalb der „Übungsreihen für Geistigbehinderte" werden weitere Hefte veröffentlicht, die Unterrichtsreihen zu einem solchen Lehrgang praxisnah darstellen.

So z.B. die Hefte

A 8.2: Geistigbehinderte lernen Voraussetzungen zum Zählen (Reihenbegriff und Zahlbegriff „1")

A 8.3: Geistigbehinderte lernen zählen

A 8.4: Geistigbehinderte lernen die individuellen Zahlbegriffe 1 – 10 und die Ziffern kennen

A 8.5: Geistigbehinderte lernen Anzahlen erfassen

Zum Maßzahlaspekt ist bereits ein Heft in dieser Reihe „Umgang mit Mengen, Zahlen und Größen" erschienen (Heft A5 „Geistigbehinderte lernen den Umgang mit dem Längenmaß" von Susanne Dank).

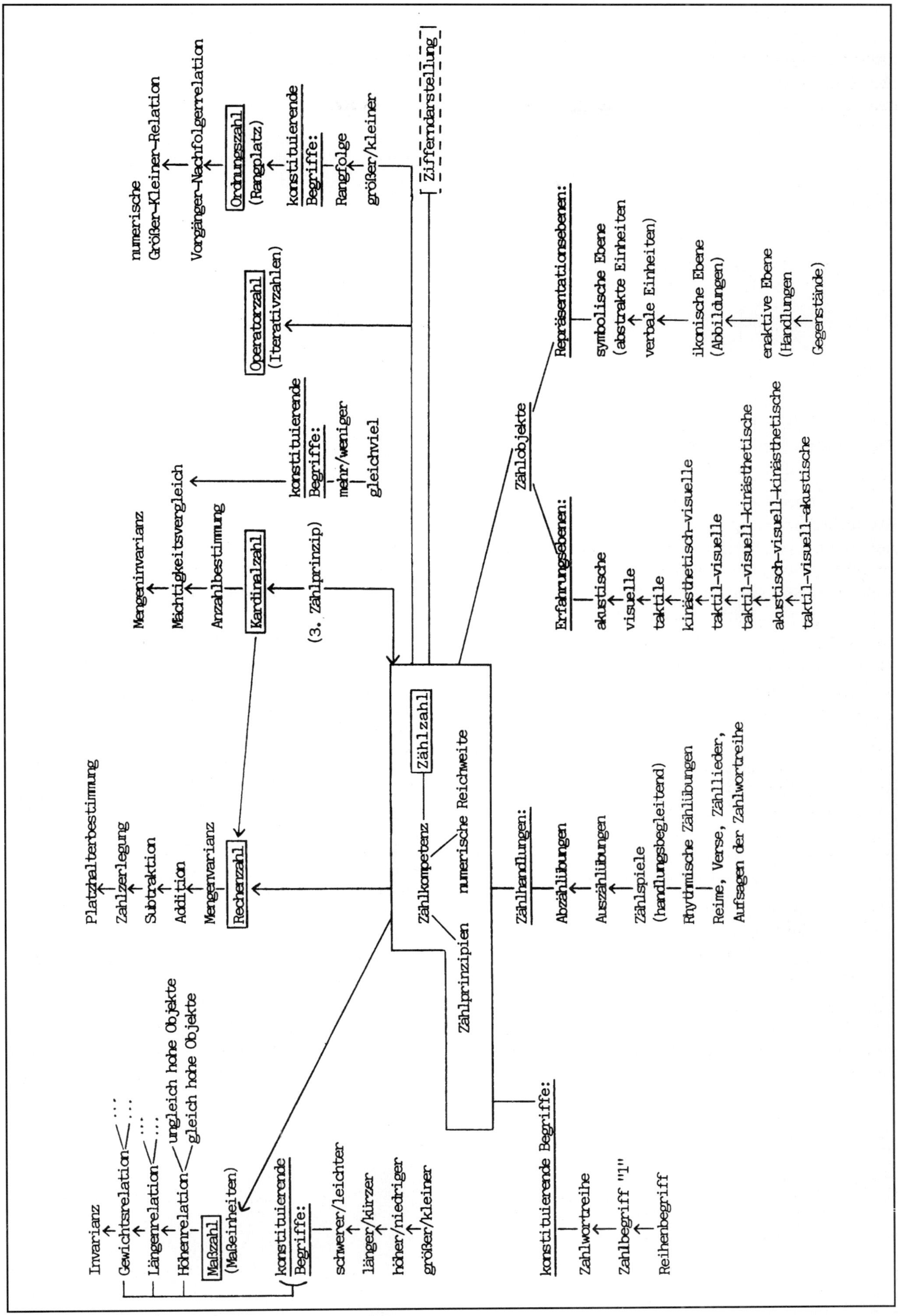

Abb. 27 : Skizze zu den Inhaltsaspekten des Grobziels

ren Begriffen gebildet. Im Falle des Zählens sind die wichtigsten *konstituierenden Begriffe* der **Reihenbegriff** (Zählzahlen sind Glieder einer Reihe, die nach vorgeschriebenen Gesetzmäßigkeiten mit der Reihe der zu zählenden Gegenstände verknüpft werden), sowie der **Zahlbegriff 1**, da immer *ein* Objekt einem Zahlwort zugeordnet werden muß und umgekehrt. Darüberhinaus ist der **Erwerb der festen Zahlwörterreihe** grundlegend für die Zählkompetenz. Diese Aneignungsform zählt zum Lerntyp des *„sprachlichen Assoziationslernens“*, dem „Lernen von sprachlichen Ketten“.

Einen sehr wichtigen Inhaltsaspekt des Grobziels stellen die **Zählobjekte** dar. Ohne ihr Vorhandensein ist Zählen nicht möglich.

In der Skizze zu den Inhaltsaspekten werden verschiedene Zählobjektarten (in Klammer!) den drei **Repräsentationsebenen** nach Bruner (et al. 1971 bzw. 1974) zugeordnet.

Auf der **enaktiven** (= konkreten, handelnden) **Ebene** ist das *Zählen von Gegenständen* (Abb. 28a) rein sachlogisch einfacher als das von *Handlungseinheiten* (Abb. 28b). Bei letzterem, dem Mitzählen von zeitlich aufeinanderfolgenden Erscheinungen, fehlt die Ausrichtung an visuell vorgegebenen Wahrnehmungsinhalten. Die Wiederholbarkeit und damit die Überprüfung und Korrektur von Zählfehlern fallen dadurch weg.

Abb. 28a

Abb. 28b

Der **ikonischen Ebene** werden alle in Bildern oder Graphiken dargebotenen bzw. vom Kind *gemalten* Zählgegenstände zugeordnet, z.B. Abbildungen oder Zeichnungen an der Tafel, im Heft oder auf Arbeitsblättern.

Auf der **symbolischen Ebene** gibt es in bezug auf die Zählobjekte wie bei der enaktiven Ebene ebenfalls *zwei* nach ihrem Schwierigkeitsniveau unterschiedliche Arten: die *verbalen*, laut gesprochenen Einheiten, die leichter zu zählen sind als die *abstrakten*, nur in Gedanken vorgestellten.

Außer in Repräsentationsebenen lassen sich die Zählobjekte noch in **Erfahrungsebenen** kategorisieren.

Je mehr Sinne des Kindes durch die Objekte gleichzeitig angesprochen werden, um so leichter fällt ihm in der Regel der Zählvorgang. So ist es schwerer, Gegenstände „blind“ zu zählen (nur durch Fühlen; *taktil*), als wenn sie sichtbar und hörbar Stück um Stück in eine Blechdose geworfen werden (*taktil — visuell – akustisch*), oder Vorgänge, die sich nur *akustisch* „äußern“ (z.B. Schläge der Turmuhr) zu quantifizieren als solche, die mit Körperbewegungen und Geräuschen begleitet werden (z.B. beim Gehen zählend auf die Handtrommel schlagen; *akustisch – visuell – kinästhetisch*). (Abb. 29, siehe unten)

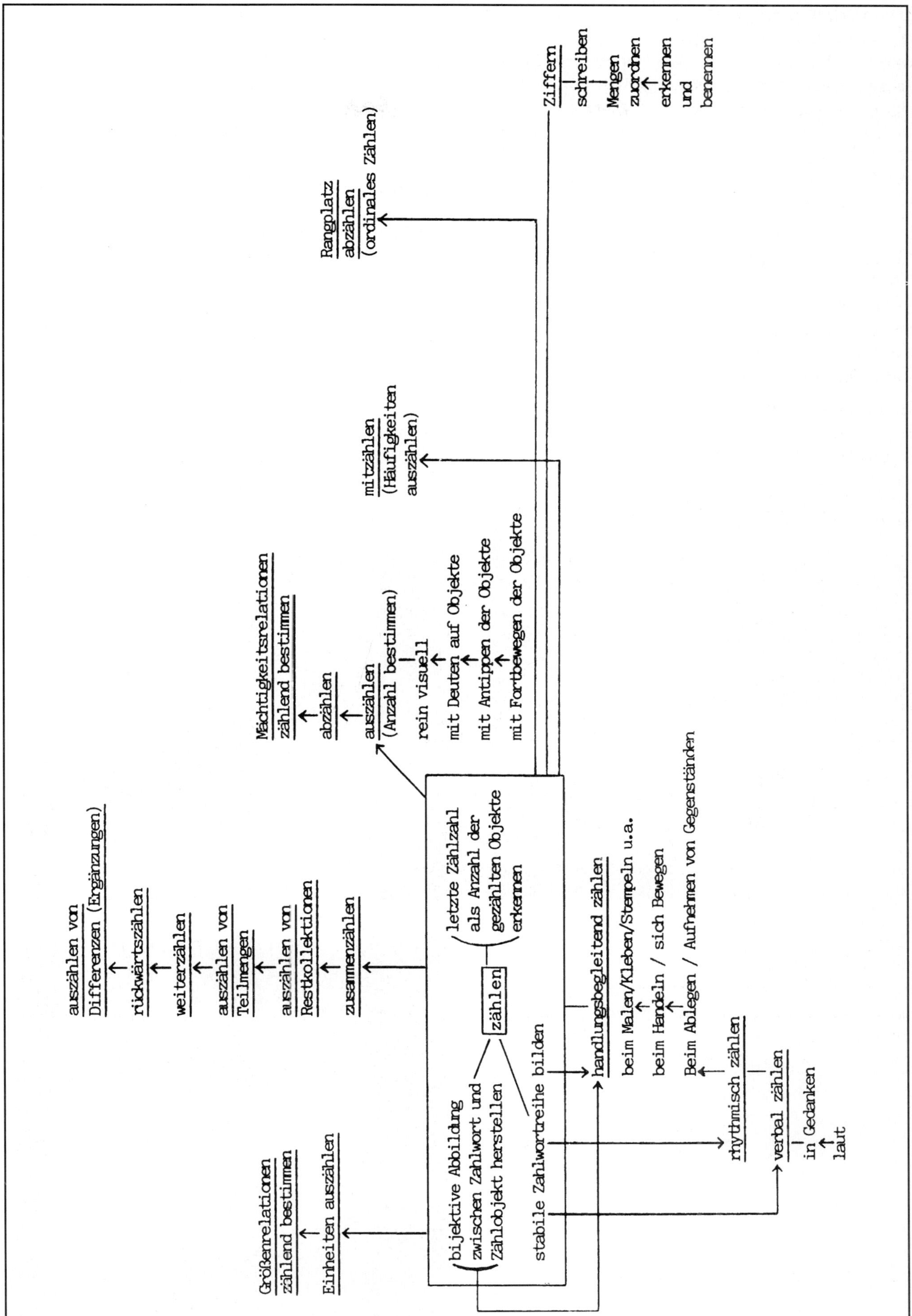

Abb. 30: Skizze zu den Verhaltensaspekten des Grobziels

Die ***Verhaltensaspekte*** des Grobziels werden graphisch analog zu den Inhaltsaspekten dargestellt, so daß im unteren Teil der Skizze diejenigen Aspekte zu finden sind, welche in erster Linie dem Zählzahlaspekt alleine zuzurechnen sind, und in der oberen Hälfte jene Elemente, welche die Zählzahl in ihrer Verbindung mit den anderen Aspekten aufzeigen.

Die entwicklungspsychologisch und sachlogisch untersten „Ebenen" der Verhaltensstruktur des Grobziels, das **verbale** und das **rhythmische Zählen** (= Aufsagen der Zahlwörterreihe im vorgegebenen Rhythmus oder in Reimen und Versen) bedürfen nur der Einhaltung des „Prinzips der stabilen Ordnung", d.h. der korrekten Zahlwörterfolge.

Beim **handlungsbegleitenden Zählen** hingegen muß auch schon das „Eineindeutigkeitsprinzip" berücksichtigt werden, welches besagt, daß jedem Zählobjekt oder jeder Handlung genau ein Zahlwort zugeordnet wird und umgekehrt. *Während* das Kind Gegenstände bewegt (z.B. Holztiere – s. Abb. 31a), auf ein Instrument schlägt (s. Abb. 31b) oder Kreise malt u.ä., zählt es „handlungsbegleitend" mit, ohne jedoch dabei schon das 3. Zählprinzip, das Kardinalprinzip, erfaßt haben zu müssen. Es kann durchaus in richtiger Zuordnung von Zahlwort und Handlung/Zählobjekt x-mal auf ein Instrument schlagen oder bis zur Zahl x Objekte einzeln zählend von einem Ort zum anderen legen oder sie malen, ohne verstanden zu haben, daß es nun genau x-mal geschlagen oder genau x Dinge bewegt oder gemalt hat (vgl. auch Abb. 20).

Auf den nächsthöheren Ebenen ist die Zählzahl über das 3. Prinzip mit einem weiteren Aspekt, dem kardinalen, verbunden. Beim **Auszählen** von Gegenständen und **Mitzählen** von Bewegungseinheiten werden jeweils zugleich die *Anzahl* der Gegenstände bzw. motorischen Einheiten bestimmt, also die Kardinalzahlen angegeben.

Noch etwas schwieriger als das *Aus*zählen ist das ***Ab*zählen**. Hierbei muß das Kind nicht die Anzahl vorgegebener Dinge ermitteln, sondern eine bestimmte Zahl von Objekten zählend herstellen. Die Aufgabe lautet so z.B.: „Gib mir 5 Muggelsteine!", während sie beim Auszählen: „Wieviele Muggelsteine liegen hier?" heißen würde.

Bei den meisten Verhaltensaspekten des Grobziels (außer dem verbalen und dem rein visuellen Zählen) wird neben der *kognitiven* implizit eine *psychomotorische „Dimension"* angesprochen, da das Kind bei den Zählhandlungen stets auch seinen Körper bzw. seine Hand einsetzen muß.

Abb. 31a (oben) und 31b (unten)

Welche methodischen Prinzipien sind zu beachten?

Korrektes Zählen kann nicht durch „entdeckendes" oder „einsichtiges Lernen" angeeignet werden. Die richtige Reihenfolge der Zahlwörter muß vielmehr *vorgesprochen*, die korrekte Zuordnung von Zahlwort zu Zählobjekt *vorgemacht* werden, so daß das Kind sie imitierend erlernen kann (**Prinzip des nachahmenden Lernens**).

Der Lehrer stellt hierbei zweifelsohne das wichtigste *Modell* dar. Damit er den Kindern die Zahlen wirklich nahebringen kann, so daß diese sie verinnerlichen, sollten sie in ihm „lebendig" sein, indem er z.B. etwas über ihre Bedeutung und Symbolik kennt, sowie die verschiedenen Aspekte bzw. Anwendungsmöglichkeiten in Form vieler konkreter Beispiele in sich präsent hat. Wir Lehrer können unseren Schülern einen Inhalt nur so weit „verlebendigen", wie dieser in uns „lebt".

Da ein Nachahmungsvorgang durch handlungsbegleitendes Verbalisieren gesteigert wird (vgl. Fischer 1981[2], 232), sollten die Kinder vor und nach dem unmittelbaren Zählakt ihr Tun immer wieder mit Worten begleiten (**Prinzip des aktionsbegleitenden Sprechens**).

Außer einer Intensivierung des Imitationslernens bewirkt das Verbalisieren, daß Handlungen (hier: die Zähl-, Vergleichs-, und Rechenvorgänge) bewußtgemacht, besser gespeichert und verinnerlicht werden.

Zum Erfassen des 3. Zählprinzips (letzte Zählzahl = Anzahl) ist es hilfreich, daß ein Schüler, wenn er z.B. 5 Äpfel ausgezählt hat, nochmals im ganzen Satz verbalisiert: „Hier/es sind fünf Äpfel."

Während des Zählens jedoch werden *nur* die Zahlwörter gesprochen, und nicht die Objekte benannt, (also *nicht* „ein Apfel, zwei Äpfel, drei Äpfel...").

Letzteres würde die Abstraktion unnötig erschweren. Sollen die Zählübungen doch gerade zur *Loslösung* vom Begriffsinhalt der gezählten Dinge führen (4. Zählprinzip).

Abb. 32

Damit das Zählen ein relativ stabiles „kognitives Schema" wird, das sicher und geläufig vom Kind angewandt werden kann, ist häufiges Üben unerläßlich (**Prinzip der Stabilisierung / Festigung / Übung**). Auch das Erfassen der anderen Zahlaspekte gelingt gerade dem geistigbehinderten Kind nur durch ausdauernde Übung und Wiederholung von Aufgaben, die ihm diese Zahlanwendungen nahebringen. Allein so kann sich der umfassende Zahlbegriff allmählich konsolidieren.

Der Gefahr des Auftretens von Langeweile und Ermüden der Schüler begegnen wir, indem wir dieses Üben so abwechslungsreich wie möglich gestalten (**Variationsprinzip**). Die Kinder müssen die Gelegenheit erhalten, die Zählhandlungen in immer neuen Aufgabenstellungen, an möglichst unterschiedlichen Objekten und auf verschiedenen Repräsentationsebenen durchführen zu können.

Die Effektivität von Übungen, speziell das Aufnehmen und Speichern der Inhalte, wird erhöht, wenn diese den Schülern rhythmisiert dargeboten werden (**Rhythmisches Prinzip**). Zudem ist der Rhythmus vom „Wesen des Zählaktes" nicht zu trennen, da dem Zählprozeß selbst ein Rhythmus innewohnt.

Rhythmische Zählübungen/-spiele sowie Verse, Abzählreime (Abb. 32) und Gedichte zu den einzelnen Zahlaspekten machen geistigbehinderten Schülern in der Regel großen Spaß, vor allem, wenn diese noch musikalisch begleitet werden, sei es in Form von Orffschen Instrumenten oder durch vom Lehrer vertonte Sprüche.

Wichtig ist ja, daß die methodischen Maßnahmen nicht nur der Sachstruktur des Grobziels gerecht werden, sondern insbesondere auch dem Wesen des lernenden Kindes (**Prinzip des kindgemä-**

ßen Lernens) entsprechen. Geistigbehinderte Schüler aber bevorzugen „Lerntätigkeiten, die einem jüngeren Kind ähnlich sind, also solche, die stärker motorische, sensorische und handelnde Anteile besitzen." (FISCHER 1981², 271).

Sie müssen daher Gelegenheit erhalten, sich die Unterrichtsinhalte handelnd anzueignen, sie im wahrsten Sinne des Wortes zu be-*greifen* (**Prinzip des handelnden Lernens / Motorisches Prinzip / Prinzip der Selbsttätigkeit**).

Spätestens seit PIAGET wissen wir, daß sämtliche Erkenntnisse und Denkvorgänge (von ihm „Operationen" genannt) aus der Verinnerlichung von *tat*-sächlichen Handlungen des Kindes erwachsen. Damit es z.B. eine Rechenoperation wie die Addition gedanklich er-*fassen* und nachvollziehen kann, muß es „notwendigerweise zunächst hantiert haben..., aber nicht nur mit Zeichnungen, sondern mit wirklichem Material, mit körperlichen Gegenständen." (PIAGET 1970⁴, 72). Den abstrakten Zahl-*begriff* muß es anhand vieler konkreter Beispiele be-*greifen* lernen.

Dieses „handelnde Lernen" kann beim geistigbehinderten Schüler ebenso wie beim Kleinkind auf natürlichste Weise im Spiel verwirklicht werden, zumal ein Lehrgang zur *Anbahnung* des Zahlbegriffs entwicklungs- und sachlogisch vor allem für die Kinder der *Eingangs- und Unterstufe*, gedacht ist (**Prinzip des spielerischen Lernens**).

Das Spiel ist die dem Kind gemäße, natürliche Art, sich mit seiner Umwelt auseinanderzusetzen und dabei auf motivierende, lustbetonte Weise quasi unbewußt zu lernen.

Zweifelsohne handelt es sich hier nicht um Spielen im „engeren" Sinne, welches u.a. durch Zweckfreiheit definiert wird, sondern um die bewußte Verknüpfung von Spiel und Aneignung von Lerninhalten durch spielerische Zähl- und Rechenübungen. Auch kommt es nicht darauf an, daß *jede* Aufgabe zum Spiel umfunktioniert wird. Entscheidend ist eine heitere, gelöste, anregende Atmosphäre, die keineswegs im Widerspruch zu einem konzentrierten, eifrigen Handeln der Schüler steht. (vgl. Abb. 33)

Die Motivation der Kinder wird ebenfalls gefördert, wenn es dem Lehrer gelingt, mit seinem jeweiligen Inhalt sowohl unmittelbar am naiven Vorverständnis, den Vorerfahrungen und genauen Vorkenntnissen der Schüler anzuknüpfen (**genetisches Prinzip**), als auch die Aufgaben weder zu schwer noch zu leicht zu gestalten (**Redundanzprinzip / Prinzip der gemäßigten Neuartigkeit**).

Ein Lernanreiz ist geschaffen, wenn das Kind am neuen Inhalt auch einige bekannte „Strukturen" entdeckt und gerade soviel Unbekanntes, daß es sich nicht überfordert, sondern vielmehr zu neugieriger Lernhaltung angeregt fühlt.

Voraussetzung hierfür ist die sorgfältige Diagnose des sachstrukturellen Entwicklungsstandes der Schüler (s. Kapitel „Wie können die Lernvoraussetzungen der Schüler ermittelt werden?"), sowohl vor Beginn der Unterrichtsreihen als auch diese begleitend. Ggf. muß man zunächst konstituierende Begriffe erarbeiten (s. Inhaltsaspekte des Grobziels), bevor der jeweilige Zahlaspekt angebahnt werden kann.

Ein letztes methodenbestimmendes **Prinzip**, das **der Differenzierung**, soll im folgenden eigens besprochen werden.

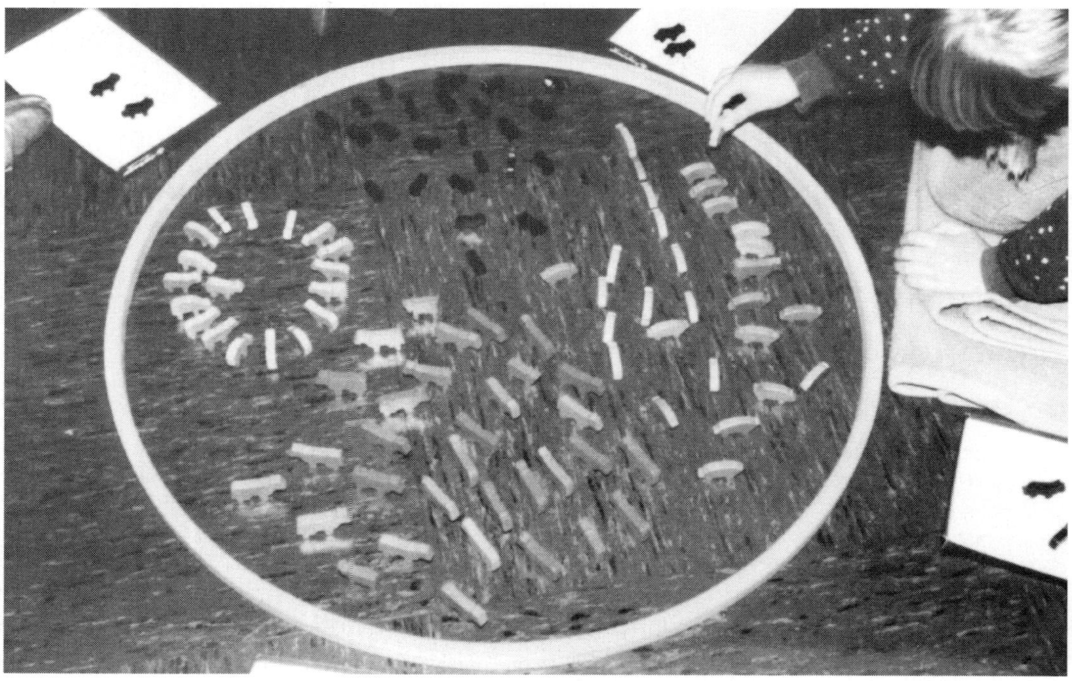

Abb. 33

Wie kann differenziert werden?

Wenn alle Schüler ihren Vorkenntnissen, ihrer aktuellen Leistung und Lernfähigkeit entsprechend optimal gefördert werden sollen, ist aufgrund der Inhomogenität der Klassen an Geistigbehindertenschulen eine Binnendifferenzierung unerläßlich. Die Art der Differenzierung hängt sowohl vom Leistungsgefälle der Kinder als auch von organisatorischen Bedingungen ab (räumliche Gegebenheit, Hilfskraft).

Bei der Erarbeitung des Zahlbegriffs ist es unter Umständen erforderlich, nicht nur innerhalb einer Reihe mit verschiedenen Schülern an verschiedenen Zielen, sondern auch innerhalb einer Klasse gleichzeitig an verschiedenen Unterrichtsreihen zu arbeiten.

Hierfür haben sich insbesondere drei Differenzierungsmöglichkeiten bewährt.

1. Die Kinder arbeiten einzeln oder in Kleingruppen (still bzw. halblaut), der Lehrer „rotiert".

Entscheidend ist hierbei, daß für jeden Schüler motivierende Aufgaben vorbereitet werden, mit denen er sich tatsächlich eine Weile ruhig beschäftigen kann. Günstig ist ein Wechsel von Übungen auf ikonischer (z.B. vorbereitete Arbeitsblätter oder Hefte) mit solchen auf enaktiver Darstellungsebene (Handlungen mit anschaulichen Materialien). Zur Stillbeschäftigung mit konkreten Objekten eignen sich vor allem Aufgaben und Medien zur „Reihenbildung", wobei von spielerischem Aufreihen (vgl. Abb. 34) bis zu logischen Abfolgen viele Schwierigkeitsgrade gewählt werden können, außerdem Sortier- und Zuordnungsübungen, Mengenlottos, -dominos, -memories, Aufgaben mit konstruktivem Material (z.B. Rangreihen mit Cuisenairestäben bilden), mit Knetmasse vorgegebene Anzahlen von „Brötchen" u.a. herstellen, Übungen am Nagelbrett und vieles andere mehr.

Wenn es mit den Schülern eingeübt wurde, können auch kleine Gruppen, die man leistungshomogen oder nach dem Helferprinzip zusammenstellt, flüsternd oder halblaut zusammenarbeiten.

Der Lehrer geht von Kind zu Kind (oder Gruppe), kontrolliert die Aufgaben, beantwortet Fragen, leistet Hilfestellung oder setzt sich nacheinander zu einzelnen Kindern, um mit ihnen an ihren individuellen Inhalten weiterzuarbeiten. (Abb. 35)

2. Die Kinder „rotieren", während der Lehrer an einem festen Platz jeweils mit einem bis maximal drei Kindern arbeitet.

Voraussetzung für diese Differenzierungsform ist zum einen, daß sich die Schüler für ca. 10 – 15 Minuten alleine beschäftigen können, ohne dabei nach dem Lehrer rufen zu müssen, zum anderen, daß die räumlichen Gegebenheiten das Arbeiten in mehreren Gruppen ermöglichen. So ist es z.B. hilfreich, wenn der Platz, an dem der Lehrer mit jeweils einem Kind oder einer Kleingruppe arbeitet, gegenüber den übrigen Schülern leicht abgeschirmt ist, z.B. durch eine fahrbare Tafel (vgl. Abb. 36, S. 30).

Konkret stellt sich diese Methode folgendermaßen dar: Gearbeitet wird in 3 – 4 Gruppen, wobei eine die Lehrer-Schüler-"Einzelförderung" darstellt und die übrigen 2 – 3 Gruppen mit sog. „Basistätigkeiten" beschäftigt sind. Für letztere werden an 1 – 2 Tischen konkrete Medien, an

Abb. 34 (oben) und Abb. 35 (unten)

einem weiteren Tisch Arbeitsblätter oder -hefte und Stifte vorbereitet.

Nach einer vom Lehrer vorgegebenen Zeit wechseln die Gruppen die Tische (und somit die Aufgaben), die Kinder „rotieren" also. Gleichzeitig oder zwischendurch (je nach Anzahl der Kinder und Größe der Leistungsgruppen) gehen je ein oder mehrere Schüler zur individuellen Förderung an den Lehrertisch.

Sehr günstig ist für diese Differenzierungsform, wenn zur Beaufsichtigung der Basistätigkeiten eine unterrichtliche Hilfskraft oder ein 2. Lehrer zur Verfügung steht. Nach einiger Einübungszeit ist diese Methode aber durchaus von einem Lehrer mit 6 – 10 Schülern alleine zu bewältigen.

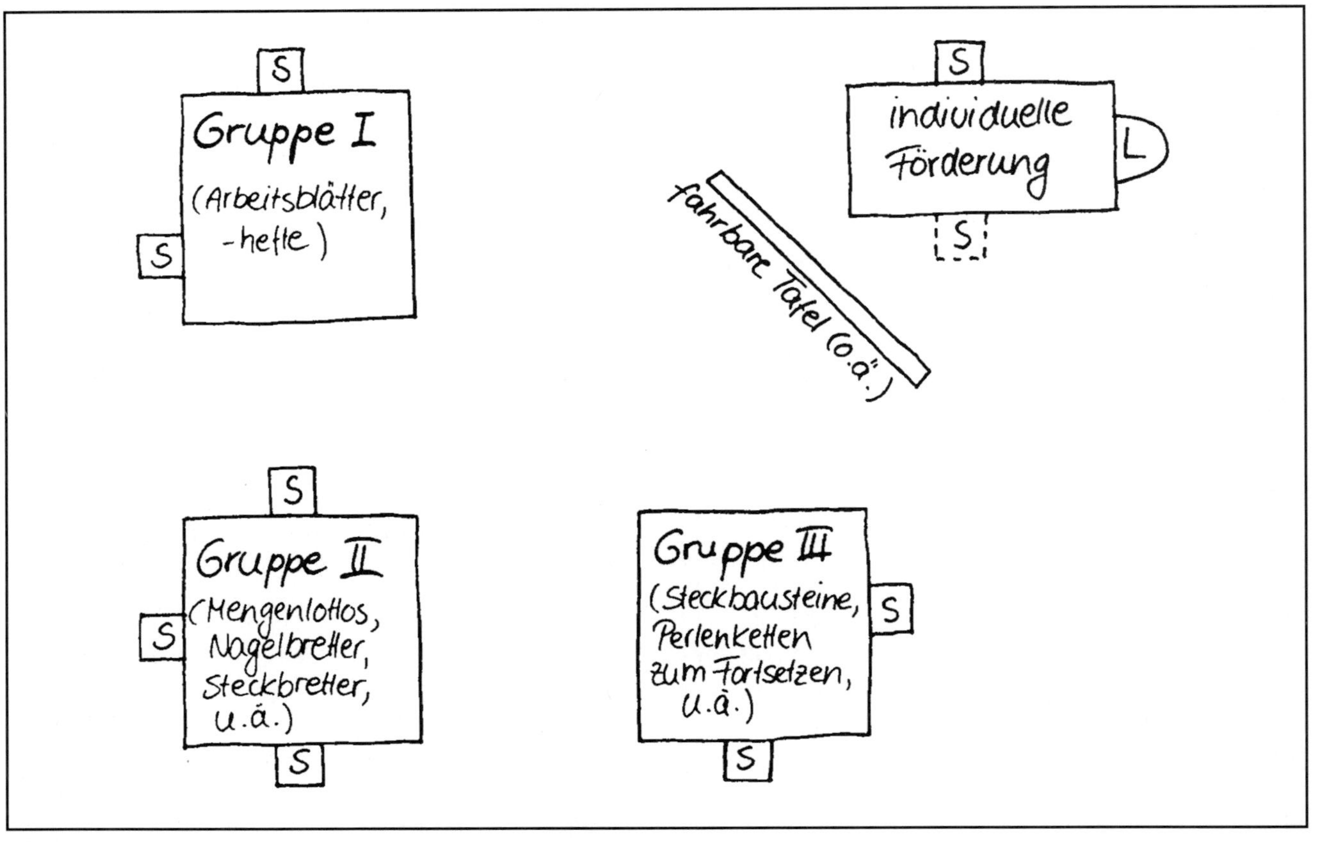

Abb. 36

3. Eine Unterrichtshilfe ist in der Klasse

In diesem Falle können die beiden vorgenannten Differenzierungsmethoden auch durchgeführt werden, wenn sich noch nicht alle Kinder ca. 10 – 15 Minuten alleine beschäftigen können.

Außerdem ist es möglich, die Klasse in 2 Leistungsgruppen einzuteilen, die innerhalb verschiedener Unterrichtsreihen arbeiten. (Abb. 37)

Schließlich kann die Unterrichtshilfe auch 1 oder 2 Schüler, die durch den vom Klassenlehrer durchgenommenen Stoff unter- oder überfordert sind, aus der Gruppe herausnehmen und einzeln fördern.

Abb. 37

Was ist bei der Auswahl der Unterrichtsmedien zu beachten?

Die Auswahl der *Operations*objekte, also der Medien, die den Lernenden zum *Handeln* veranlassen sollen, wird durch den Unterrichtsinhalt, die methodischen Maßnahmen sowie die Lerneigenschaften der Schüler bestimmt.

Der primäre Unterrichtsinhalt, das Zählen bzw. der Zählprozeß, erfordert zunächst **möglichst *homogene* Medien**. Denn wenn wir feststellen, daß der *gleiche* Gegenstand, der *gleiche* Vorgang mehrfach vorhanden ist, werden wir motiviert zu zählen. (Abb. 38)

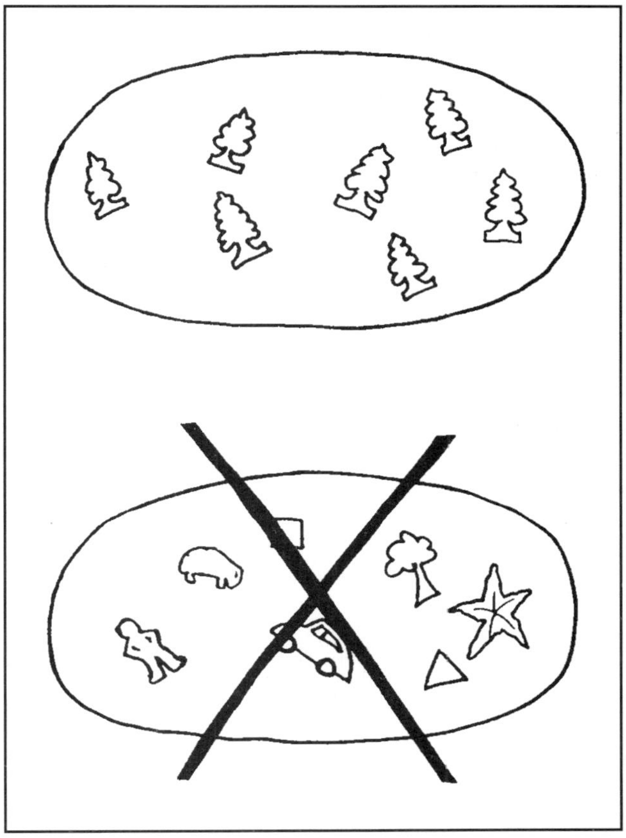

Abb. 38

Außerdem wird der Zusammenhang zwischen Zähl- und Kardinalzahl am ehesten durch weitgehend homogene Operationsobjekte deutlich, weil bevorzugt gleichartige oder als gleichartig angesehene Zählobjekte die Frage nach deren Anzahl provozieren.

Da jedes Kind möglichst mit „eigenen" Gegenständen arbeiten soll, um die Zahl be-*greifen* zu können, müssen ***viele* Objekte** der gleichen Art vorhanden sein. Ökonomische Aspekte sollten die Auswahl bestimmen: Was ist in ausreichender Anzahl in der Klasse/Schule vorhanden? (Holztiere? Muggelsteine? Spielpfennige? Blei- und Farbstifte?...) Welche Medien können mit wenig Aufwand selbst hergestellt werden? („Brötchen" u.a. Figuren aus Modelliermasse? Spielgeldpfennige aus Karton?...) Welche „Abfallprodukte" kann der Lehrer bzw. können die Kollegen oder Schüler zuhause sammeln? (Filmdöschen? Streichholzschachteln? Flaschenkorken? Knöpfe?...) Welche Zählobjekte können die Kinder in der Natur selbst suchen? (Kastanien? Diverse Nüsse? Blätter?...)

Die Schüler sollen in erster Linie handelnd lernen. Daher sind die Medien vorwiegend **aus dem Bereich der enaktiven Repräsentationsebene** auszuwählen. Der eindeutige Schwerpunkt liegt also auf *konkreten Objekten* (z.B. Holzfiguren, Puppengeschirr, Kaufladenpackungen, Bausteine, Nüsse, Knöpfe u.a.) oder den *Handlungen* der Kinder mit ihrem Körper (z.B. klatschen, stampfen, hüpfen, rhythmisch gehen, auf Instrumente schlagen u.a.). Erst nach ausreichend langem Operieren mit Gegenständen wird auch auf die bildliche Darstellungsebene übergegangen.

Aus dem „Prinzip des spielerischen Lernens" ergibt sich die Forderung nach Zählobjekten, die diesem **Spielbedürfnis der Kinder entsprechen**, also lustbetontes Lernen ermöglichen und einen hohen Aufforderungscharakter haben.

Da andererseits viele geistigbehinderte Schüler leicht ablenkbar bzw. konzentrationsgestört sind und durch *zu* ansprechende Medien ihre eigentliche (Zähl)aufgabe vergessen, müssen die Operationsobjekte sehr stark ***ziel*gerichtet motivierend** sein. Sie sind oder werden dann am ehesten monovalent, d.h. für das *eine* vorgegebene Ziel (Zählen) geeignet, wenn sie bereits *einen bestimmten Vertrautheitsgrad aufweisen* und derart mit „Bedeutung erfüllt" sind oder werden (z.B. der „Bäcker" verkauft seine „Brötchen"), daß *aus dieser Sinngebung das Bedürfnis zu zählen hervorgeht.*

So sollte der Lehrer bei der Einführung neuer Medien die Kinder zunächst eine Zeitlang damit frei spielen lassen, so daß deren Spielbedürfnis z.T. befriedigt und eine Vertrautheit mit dem neuen Zählobjekt erreicht werden kann und möglichst Medien wählen, denen die Kinder in ihrer eigenen Umwelt begegnen (z.B. Autos, Häuser, Bäume, Tiere, Püppchen, Kaufladenwaren, Früchte und Nüsse, Gebäck, Bonbons u.a.), die also auch im Alltag zum Zählen Anlaß geben.

Wegen der permanenten Anregungsbedürftigkeit und der mangelnden Abstraktions- und Transferfähigkeit des geistigbehinderten Kindes, sollten möglichst **vielfältige Operationsobjekte** angeboten werden.

Der Gefahr einer Überflutung durch zu viele Medien kann der Lehrer begegnen, indem er jeweils für längere Zeit bei einigen ausgewählten Dingen verweilt, hiermit unterschiedliche Spiele durchführt sowie Übungen zum Operatoraspekt (spielerische Handlungen bzw. Körperbewegungen *mit*zählen) zwischenschaltet, bevor er den Schülern neue Objekte präsentiert.
Ebenfalls aus dem Lernverhalten der geistigbehinderten Kinder resultiert die Forderung der „**multisensorischen Vermittlung**". Sie besagt, daß Unterrichtsinhalte über möglichst viele Wahrnehmungskanäle an das Kind herangetragen werden sollen, die Medien also so auszuwählen sind, daß sie möglichst viele Sinne des Kindes ansprechen. Denn bei vielen unserer Schüler sind ein oder mehrere Wahrnehmungsbereiche stark beeinträchtigt, so daß nur bei gleichzeitiger oder sukzessiver Anregung *mehrerer* Sinne gewährleistet ist, daß die intakten Informationskanäle eines Kindes angesprochen werden. (vgl. Abb. 39)

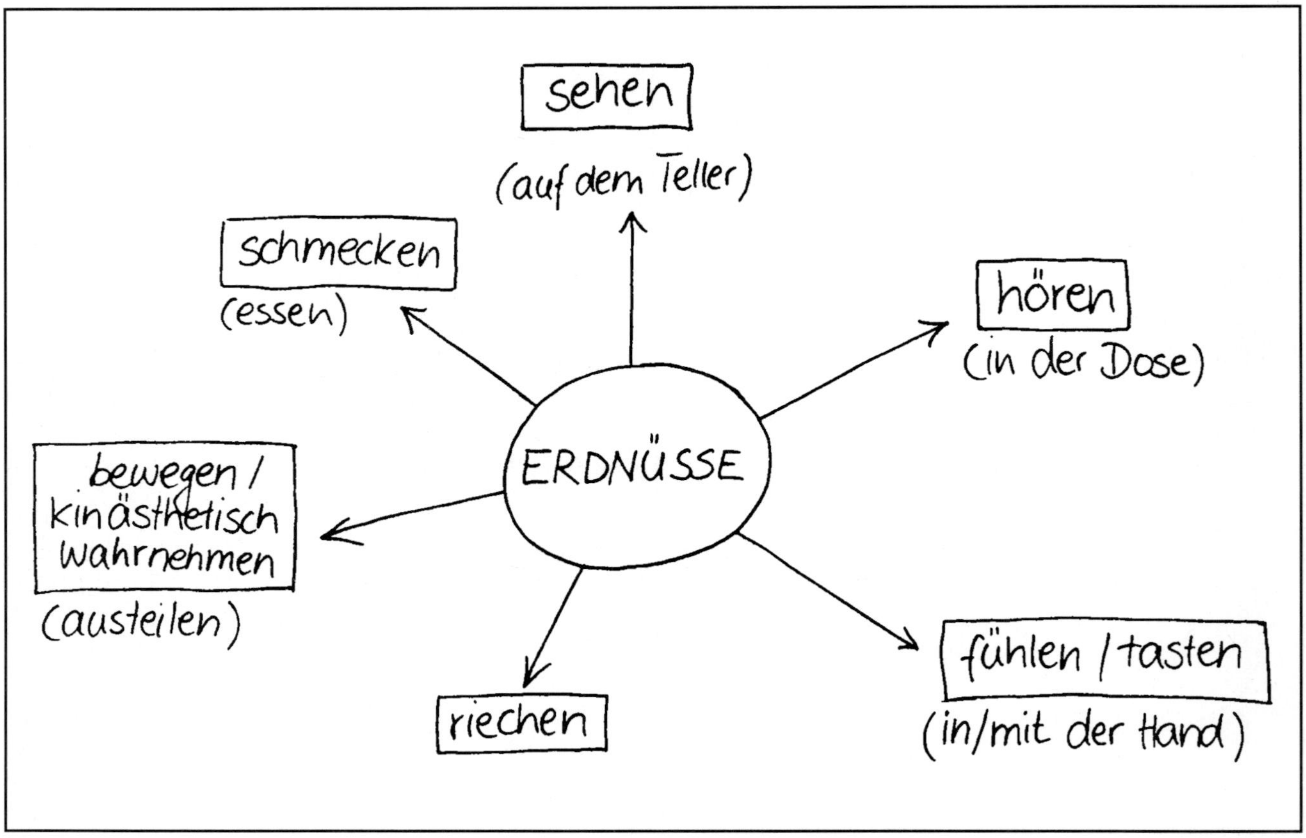

Abb. 39

Wie können die Lernvoraussetzungen der Schüler ermittelt werden?

Dem „genetischen Prinzip" und dem „der gemäßigten Neuartigkeit" zufolge muß der Lehrer mit seinem Unterricht stets da anknüpfen, wo das Kind in seiner Entwicklung gerade steht. Somit ist es eine seiner wichtigsten Aufgaben, vor der Planung von Stunden zur Zahlbegriffsanbahnung zu untersuchen, wieweit die Schüler in ihrer Genese bezüglich der einzelnen Zahlaspekte fortgeschritten sind. Anhand dieser Grobdiagnose kann dann entschieden werden, innerhalb welcher Unterrichtsreihe mit welchen Kindern am geeignetsten gearbeitet wird.

Da es in der Geistigbehindertenpädagogik kein standardisiertes Verfahren gibt, mit dem man den Leistungsstand der Kinder im Bereich „Mengen und Zahlen" diagnostizieren kann, ist jeder Lehrer auf sich selbst angewiesen, will er das diesbezügliche Niveau seiner Schüler ermitteln. Anhand der bei der Genese des Zahlbegriffs beschriebenen Zahlaspekt-Entwicklungsstufen kann er jedoch unschwer für seine Schüler Aufgaben entwerfen, die ihm eine Aussage *auf Grobzielniveau* erlauben.

Diese Vorgehensweise, mangels objektiver, reliabler, valider Tests[3] zur **selbstentwickelten**, entwicklungspsychologisch ausgerichteten, **„qualitativen" Diagnostik** zu greifen, sei hier jedem Kollegen empfohlen.

So kann man z.B. zur Ermittlung des Entwicklungsstandes der Schüler hinsichtlich des *Kardinalzahlaspektes* u.a. die Invarianzaufgaben von PIAGET (vgl. Abb. 40 u. S. 11-13) sowie Anzahlermittlungsaufgaben („Wieviele Steine sind dies?" und „Lege mir x Steine auf den Tisch!") mittels Muggelsteinen legen.

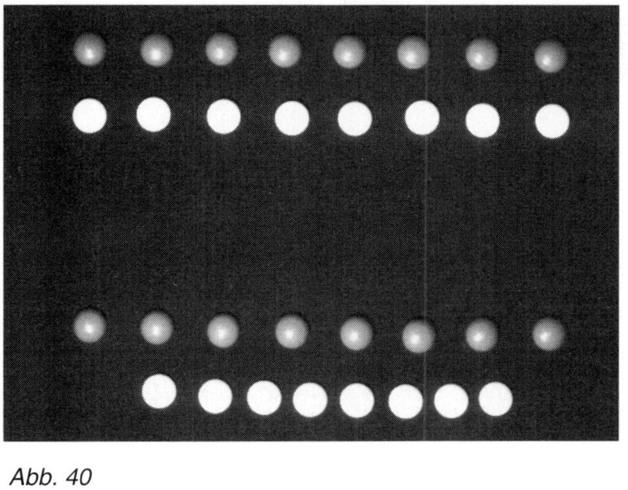

Abb. 40

Die Überprüfung in bezug auf den *Ordnungszahlaspekt* kann z.B. mit Rechenstäben[4] anhand der PIAGET-Aufgaben (s. Kapitel „Entwicklung des Zahlbegriffs") sowie mit einem Püppchen, das man auf eine der Treppenstufen stellt („Auf welcher Stufe steht das Püppchen?") vorgenommen werden. (Abb. 41a und 41b)

Abb. 41a

Abb. 41b

3) Ein standardisierter Test muß objektiv, reliabel und valide sein, dabei bedeutet ***Objektivität*** die Unabhängigkeit vom Untersucher/Tester, ***Reliabilität*** (= Zuverlässigkeit) die Genauigkeit, mit der ein bestimmtes Merkmal gemessen wird und ***Validität*** (= Gültigkeit) den Grad der Genauigkeit, mit dem der Test das jeweilige Merkmal, welches er messen soll, tatsächlich mißt.

4) z.B. „Farbige Stäbe", Arbeitsmaterial zu „Mathematik in der Grundschule", KLETT Verlag, Stuttgart, oder „Farbige Stäbe" (auch in Großformat) vom Lehrmittelverlag ARNULF BETZOLD, Schönauer Str. 10, 73479 Ellwangen-Rindelbach.

Die Entwicklung der Schüler hinsichtlich des *Maßzahlaspektes* kann ebenfalls mit den genannten PIAGET-Aufgaben zur Entwicklung des Maßes beim Kinde untersucht werden, wobei man aus Steckbausteinen/Rechensteckkuben[5] Türme bauen kann. (Abb. 42)

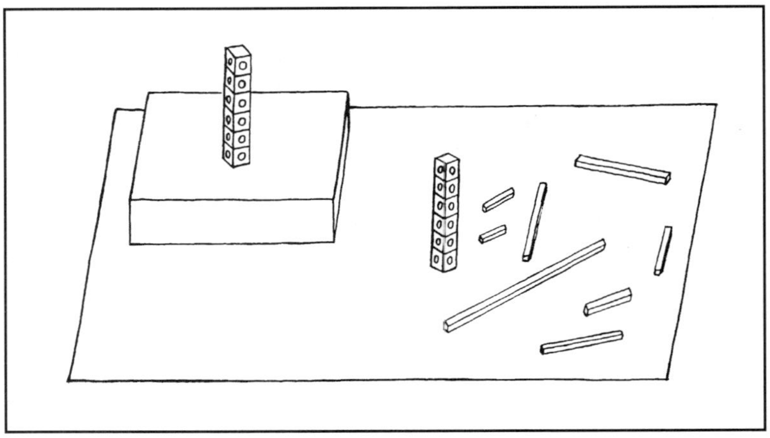

Abb. 42

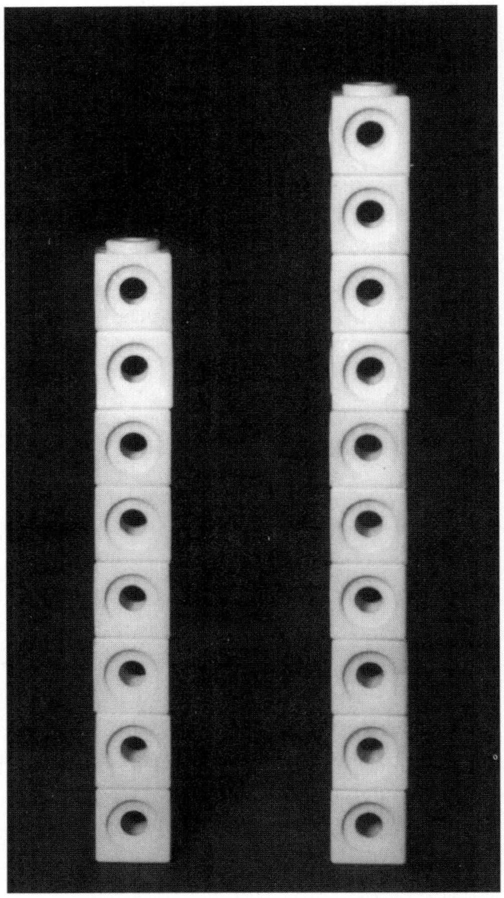

Abb. 43a

Zunächst sollte man jedoch eruieren, ob bei den Kindern die Begriffe „gleich hoch“, „höher“, „niedriger“, „gleich lang“, „kürzer“, „länger“ vorhanden sind (vgl. Abb. 43a und 43b).

Der Entwicklungsstand der Kinder bezüglich *Zählzahl-* und *Rechenzahlaspekt* kann entsprechend den bei deren Entwicklung beschriebenen Aufgaben mit Muggelsteinen oder anderen Zählobjekten überprüft werden.

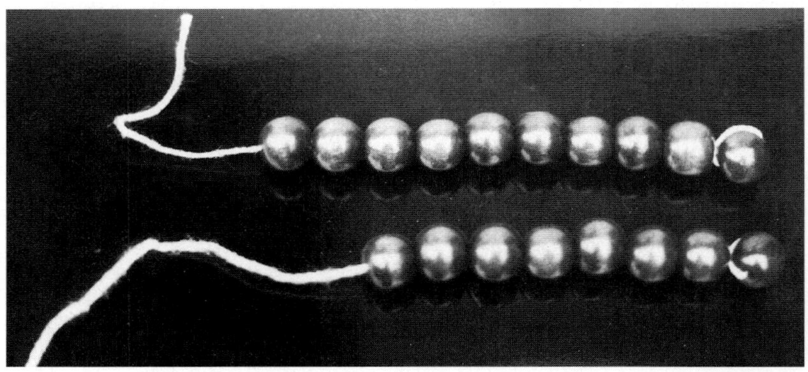

Abb. 43b

Hat der Lehrer eine Reihe (bzw. mehrere für unterschiedliche Schüler) ausgewählt, erfolgt ein weiterer Diagnoseschritt. Es gilt nun, den *sachstrukturellen Entwicklungsstand* der Kinder im Hinblick auf die Lernziele der gewählten Unterrichtsreihe, die erforderlichen Vorkenntnisse und Vorerfahrungen zu eruieren. Diese Diagnose auf Feinzielebene dient außerdem sowohl unterrichtsbegleitend sowie nach Abschluß der Reihe als Lernzielkontrolle.

Anhand der bei den einzelnen Unterrichtsreihen entwickelten Lernzielkataloge (vgl. Folgehefte A8) läßt sich für jedes Kind die Voraussetzungen und sein „Ist-Stand“ hinsichtlich der jeweiligen Reihe feststellen. Dies kann ebenso wie bei der Grobdiagnose durch selbsterdachte Aufgaben vom Lehrer bewältigt werden und sollte durch eine Analyse der allgemeinen Lernvoraussetzungen des Schülers (z.B. hinsichtlich Wahrnehmung, Sprache u.a.) und seiner psychologischen Zugänglichkeit ergänzt werden.

Im folgenden ist exemplarisch eine Tabelle zur Überprüfung des sachstrukturellen Entwicklungsstandes der Kinder für eine Unterrichtsreihe zu dem Inhalt „Wir lernen zählen“ aufgezeigt.

5) z.B. DICKsche Würfel, Firma DICK, 54426 Neunkirchen, auch bei der Firma WEHRFRITZ, 96476 Rodach, erhältlich, sowie als „Systemsteckwürfel“ durch GÜNTER WEBER Lehrmittel, 59174 Kamen, oder als „Steckwürfel / Steckkuben“ durch den Lehrmittelverlag ARNULF BETZOLD, 73479 Ellwangen-Rindelbach, oder die Firma WIDMAIER, Esslingen am Neckar, zu beziehen.

Kenntnisse/Fähigkeiten	Sachstruktureller Entwicklungsstand				
Begriffe „vor“, „hinter“, „neben“, „hintereinander“, „nebeneinander“ kennen und anwenden können					
Begriff „Reihe“ kennen und anwenden können					
vorgegebene Abfolgen nachlegen können					
periodische Folgen nach vorgegebener Regel bilden bzw. fortsetzen können					
Bildungsgesetz von vorgegebenen periodischen Folgen erschließen können					
Zahl „1“ als Zähleinheit erkennen und anwenden können					
provozierte „Eins-zu-eins-Zuordnungen“ vornehmen können					
Begriffe „1“ und „viele“ unterscheiden können					
Zahlwortreihe (vorwärts) korrekt aufsagen bis...					
motorische Einheiten handlungsbegleitend zählen bis...					
Gegenstände handlungsbegleitend zählen bis...					
ikonische Einheiten handlungsbegleitend zählen bis...					
nach Vorgabe eine Handlung x-mal ausführen können bis...					
Anzahl von Vorgängen mitzählend bestimmen bis...					
grobmotorische Abläufe beherrschen (je nach Inhalt konkretisieren, z.B. hopsen, Linien nachgehen, auf einem Bein hüpfen etc.)					
feinmotorische Bewegungen durchführen können (je nach Inhalt konkretisieren, z.B. Finger einzeln hochzeigen, Perlen auffädeln, Kreise malen etc.)					
sich still beschäftigen können (bis ... Minuten)					
zu Partner- und Kleingruppenarbeit fähig sein					
	S. A	S. B	S. C	S. D	S. E

Legende:

++ = gut bzw. voll zutreffend

\+ = mit Hilfestellung bzw. teilweise zutreffend

– = nicht vorhanden bzw. kaum zutreffend

S. = Schüler

Glossar

abstraktes Zählen: rein verbales Zählen ohne Bezug zu Zählobjekten; das korrekte Aufsagen der Zahlwortreihe erfordert lediglich ein gutes auditives Gedächtnis, jedoch noch keine Zahlvorstellung.

algebraische Struktur: eine Menge von Elementen (Rechenobjekten), in der Verknüpfungen (Rechenoperationen) mit bestimmten Eigenschaften definiert sind, z.B. die Menge der natürlichen Zahlen mit der Addition, der Subtraktion, der Multiplikation oder der Division.

assoziativ: verbindend/verknüpfend; eine Eigenschaft von Rechenoperationen (Verknüpfungen zwischen Elementen einer Menge), wie z.B. der Addition, die besagt, daß die einzelnen Elemente (hier: Summanden) in beliebiger Reihenfolge miteinander verknüpft (hier: addiert) werden können; (a+b)+c = a+(b+c).

Axiom: grundlegender Lehrsatz, der ohne Beweis einleuchtet, und von dem andere Aussagen logisch hergeleitet werden können; z.B. der Satz: „Jede natürliche Zahl (1, 2, 3,...) hat einen Nachfolger", woraus logisch folgert, daß es *keine* größte (letzte) natürliche Zahl gibt;

Bei der *axiomatischen Definition des Zahlbegriffs* wird die (durch Zählen erzeugte) Menge der natürlichen Zahlen durch 5 Axiome bestimmt, wobei jeder Zahl *genau ein* Nachfolger zugeordnet wird mit Ausnahme der „ausgezeichneten" Zahl 1, die von *keiner* anderen Zahl Nachfolger ist.

Codierungsaspekt: ein Aspekt des Zahlbegriffs, bei dem die natürlichen Zahlen zur organisatorischen Unterscheidung und Bezeichnung von Objekten oder Personen verwandt werden, z.B. als Postleitzahlen, Hausnummern, Telefonnummern, Chiffrezahlen, Kundennummern, Autofahrgestellnummern, Schlüsselnummern, ISBN-Buchnummern u.a.

diskrete Menge: Menge mit *einzelnen*, nicht zusammenhängenden Objekten (z.B. Holzfiguren, Perlen); Begriff von Piaget (1975); „gegenständliche" Menge (real oder auf Abbildungen) im Gegensatz zur kontinuierlichen Menge (↑).

Distributivzahlen: Einteilungszahlen; z.B. „je ein, je zwei, je drei, ..."; sie werden dem kardinalen Aspekt (↑) des Zahlbegriffs zugeordnet.

eineindeutige Zuordnung: umkehrbar eindeutige Zuordnung der Elemente zweier Mengen [= Stück-für-Stück-Korrespondenz (↑)], d.h. jedem Element der einen Menge muß *genau ein* Element der anderen Menge zugeordnet werden können *und umgekehrt*.

elaboriertes Zählen: „ausgebildetes", „richtiges" Zählen, das im Gegensatz zum abstrakten Zählen (↑) der Anzahlermittlung von Objekten dient und durch folgende *5 Prinzipien* charakterisiert wird:
Jedem zu zählenden Gegenstand muß *genau ein* Zahlwort zugeordnet werden (1);
die Zahlwörterreihe unterliegt einer festen Ordnung, so daß die Zählzahlfolge immer die gleiche ist (2);
das letzte Glied der Zählreihe gibt zugleich die Anzahl der Elemente einer Menge an (3);
beliebige Elemente können – unabhängig von ihren *qualitativen* Merkmalen (!) – nach den Prinzipien 1 – 3 gezählt werden (4);
die Anordnung der Zählobjekte und die Reihenfolge, in der sie gezählt werden, sind für das Zählergebnis ohne Bedeutung (5).

enaktive Darstellungs-/Repräsentationsebene: handlungsgebundene Darstellung von Unterrichtsinhalten; eine der 3 Darstellungsformen nach Bruner (1974) – neben der ikonischen (↑) und der symbolischen (↑); Inhalte werden durch Handlungen mit konkretem Material oder dem Körper (z.B. Bewegungsformen) veranschaulicht und erarbeitet.

Gleichmächtigkeit (= **Äquivalenz**): gleiche Anzahl von Elementen („Mächtigkeit") zweier Mengen, die sich in der eineindeutigen Zuordnung (↑) ihrer Elemente ausdrückt.

heterogene Menge (= **inhomogene Menge**): uneinheitliche Menge; eine Menge, die aus ungleichartigen, wohlunterscheidbaren Elementen/Objekten zusammengesetzt ist, z.B. eine Menge aus verschiedenen Spielzeugfiguren; Gegensatz: homogene Menge (↑).

homogene Menge: einheitliche Menge; eine Menge, die aus lauter gleichartigen Objekten besteht, z.B. aus lauter roten Muggelsteinen.

ikonische Darstellungs-/Repräsentationsebene: Darstellung von Unterrichtsinhalten durch bildliche oder graphische Mittel; eine der 3 Darstellungsformen nach Bruner (1974) – neben der enaktiven (↑) und der symbolischen (↑); Inhalte werden in Bildern oder Bildsymbolen/Graphiken veranschaulicht und erarbeitet (z.B. auf der Tafel, in Büchern, Heften, auf Arbeitsblättern).

individueller Zahlbegriff: jede natürliche Zahl *einzeln* wird als Begriff angesehen (z.B. die Zahl „4") und durch verschiedene Beispiele, in denen diese Zahl in unterschiedlichen Zusammenhängen und Bedeutungen (auch in verschiedenen Zahlaspektformen) vorkommt, charakterisiert; – im Gegensatz zum Zahlbegriff, der die *ganze Menge der natürlichen Zahlen* (1, 2, 3,...) umfaßt, wobei die einzelnen Zahlen als Elemente einer Reihe oder als Operatoren u.a. auftreten.

Invarianz: Unveränderlichkeit einer Menge oder eines Gegenstandes nach Transformationen (↑) oder Unabhängigkeit einer Menge von qualitativen und strukturellen Merkmalen;

PIAGET (1975) unterscheidet verschiedene Invarianzen:
Die **Mengeninvarianz** (= **Mengenerhaltung**) besagt, daß die *Quantität* der Menge, also deren Umfang/Größe/Anzahl der Elemente, unabhängig von der *Qualität*, also der Beschaffenheit/Struktur der Elemente (z.B. Farbe, Form, Größe, Anordnung), ist; 6 Äpfel sind also immer 6 Äpfel, egal ob sie groß oder klein, rot oder gelb sind, ob sie weit auseinander oder eng beisammen in einer Reihe auf dem Tisch liegen.

Die **Höheninvarianz** (= **Erhaltung der Höhe**) besagt, daß die Höhe eines Objektes auch nach bestimmten Transformationen (↑), z.B. auf unterschiedlich hohe Unterlagen stellen oder im Winkel neigen, unverändert bleibt.

Die **Längeninvarianz** (= **Erhaltung der Länge**) meint die Unabhängigkeit der Länge eines Objektes von dessen Lage und Struktur, z.B. ob ein und derselbe Wollfaden in Wellenform oder in Schneckenform dargeboten wird, ob eine Perlenkette langgestreckt oder zu einem Kreis geformt liegt, ob dieselbe Strecke weiter links auf einem Blatt oder nach rechts verschoben gezeichnet wird, ändert das nichts an deren Länge.

Analog gibt es noch die Massenerhaltung (z.B. bei Knetmasseumformungen) sowie die Volumen-, Gewichts-, Entfernungs- und Flächenerhaltung bzw. -invarianz, die jedoch in dieser Übungsreihe keine Rolle spielen.

Inversionsaufgaben: Umkehraufgaben, z.B. das Wegnehmen der gleichen Anzahl an Elementen (hier: 4) von einer Menge, die zuvor dieser Menge zugefügt wurde; 5+4=9, 9-4=5

Iterativzahlen (= **Wiederholungszahlen**): die Zahladverbien „einmal, zweimal, dreimal, ...", die den Operatoraspekt (↑) des Zahlbegriffs ausdrücken.

Kardinalzahlaspekt (= **kardinaler Aspekt**): ein Aspekt des Zahlbegriffs, bei dem die natürlichen Zahlen als sog. Anzahlen die Größe bzw. „Mächtigkeit" von Mengen (Anzahl ihrer Elemente) bezeichnen; zugehörige Frage: „Wieviele ...?".

kommutativ: vertauschbar; eine Eigenschaft von Rechenoperationen (Verknüpfungen zwischen den Elementen einer Menge), wie z.B. der Addition, die besagt, daß die einzelnen Elemente (hier: die Summanden) vertauschbar sind; a+b = b+a.

kontinuierliche Menge: Menge, deren Elemente „zusammenhängen", also keine räumliche Unterbrechung aufweisen, wie dies z.B. bei Flüssigkeiten der Fall ist; Begriff von PIAGET (1975); Gegensatz: diskrete Menge (↑).

Maßzahlaspekt: ein Aspekt des Zahlbegriffs, bei dem die natürlichen Zahlen als sog. Maßzahlen das Meßresultat einer Größe in Relation zu einer bestimmten Einheit angeben; zugehörige Fragen: „Wie lang, wie hoch, wie schwer, ...?".

Mengenvarianz: Veränderlichkeit von Mengen nach bestimmten Gesetzmäßigkeiten, z.B. eine Menge vergrößert sich, wenn ein Element hinzugefügt wird, und verkleinert sich wieder bei Wegnahme des Elementes.

monovalente Medien: auf *ein* bestimmtes Ziel hin ausgerichtete Medien; Medien können *von vornherein* monovalent sein (z.B. ein Arbeitsblatt mit Mengenbildern und leeren Kästchen dabei, in welche die Anzahl der Elemente geschrieben werden muß) oder auch durch eine bestimmte Aufgabenstellung monovalent *gemacht werden* (z.B. mit Muggelsteinen kann man Muster legen, sie aber auch zu Zählübungen verwenden, wenn die Aufgabe beispielsweise lautet: „Wer hat die meisten Muggelsteine?".)

Operatoraspekt: ein Aspekt des Zahlbegriffs, bei dem die natürlichen Zahlen als sog. Wiederholungs- oder Iterativzahlen (↑) die Vielfachheit eines Vorgangs angeben; zugehörige Frage: „Wie oft ...?".

Ordinaler Aspekt: ein übergeordneter Aspekt des Zahlbegriffs, unter dem Zählzahlaspekt (↑) und Ordnungszahlaspekt (↑) zusammengefaßt sind.

Ordnungszahlaspekt: ein Aspekt des Zahlbegriffs, bei dem die natürlichen Zahlen als sog. Ordnungszahlen die Rangplätze von Elementen in einer total geordneten Reihe (↑) angeben; zugehörige Frage: „Der wievielte ...?".

Periodische Folge: nach einer vorgegebenen Regel sich ständig wiederholende Abfolge von Objekten oder Symbolen, z.B. „aabc, aabc, aabc, ...“.

pränumerisch: vorzahlig; der pränumerische Bereich des Rechenunterrichts umfaßt das Operieren mit numerisch unbestimmten Mengen und Größen, Zahlen werden also noch nicht gebraucht.

provozierte Korrespondenz: „herausgeforderte“ Zuordnung zwischen den Elementen zweier Mengen; Begriff von PIAGET (1975); Stück-für-Stück-Korrespondenz (↑) zwischen heterogenen Mengen (↑), deren Elemente „qualitativ komplementär“, d.h. auf eine so bestimmte Art einander „ergänzend“ sind, daß ihre natürliche oder gewohnheitsmäßige Zusammengehörigkeit geradezu eine Zuordnung „provoziert“, z.B. Eier und Eierbecher, Tassen und Untertassen u.ä.

Rechenzahlaspekt: ein Aspekt des Zahlbegriffs, bei dem die natürlichen Zahlen *als Ziffern* in Stellenwertsystemen, mit denen schriftlich gerechnet werden kann, sowie *als algebraische Struktur* (↑), in der nach gewissen Gesetzen (z.B. Assoziativität) gerechnet wird, verwandt werden.

Restkollektion (= **Komplementmenge**): Restmenge aus einer Grundmenge von Elementen (z.B. 8 Objekte) bei Wegnahme einer Teilmenge (z.B. 3 Objekte); 8–3 = **5**; 5 Objekte stellen die Restkollektion dar.

Seriation: Reihung; Abfolge von Elementen oder Mengen nach festgelegten Gesetzmäßigkeiten, z.B. Ordnen von Objekten oder Mengen nach bestimmten Größen wie Dicke, Höhe, Elementanzahl u.a. oder von Symbolen nach einer vorgegebenen logischen Folge oder von Bildern einer Bildergeschichte nach der zeitlich-logischen Abfolge.

simultan: gleichzeitig, „mit einem Blick“; gleichzeitiges Erfassen und Wahrnehmen vorgegebener komplexer Sachverhalte/Strukturen, wie z.B. das gleichzeitige Erfassen der Länge und Lage oder Anordnung eines Objektes bei Transformationen (↑) und ihrer Konsequenzen hinsichtlich der Längenerhaltung, oder das Erfassen der Anzahl von mehreren Objekten auf einen Blick (**Simultanerfassung**); bei letzterer spielt die Anordnung der Objekte in eine übersichtlich strukturierte Gestalt (z.B. Würfelbildanordnung) eine ausschlaggebende Rolle dafür, daß Kinder die Anzahl von Elementen bildhaft-ganzheitlich, ohne abzuzählen, erfassen können; in der Regel gelingt dies bis zu einer Anzahl von 5–6 Objekten; Gegenteil: sukzessiv (↑).

Skalenaspekt: ein Aspekt des Zahlbegriffs, bei dem die natürlichen Zahlen als Skalenwerte Verwendung finden, z.B. bei Uhr, Thermometer und Waage; kann auch dem Maßzahlaspekt (↑) zugeordnet werden.

spontane Korrespondenz: unmittelbare Zuordnung zwischen den Elementen zweier homogener Mengen (↑); Methode des Größenvergleichs zweier Mengen, die „spontan“ von Kindern gewählt wird, wenn diese noch nicht zählen können; Begriff von PIAGET (1975); im Gegensatz zur provozierten Korrespondenz (↑) handelt es sich hierbei um eine Stück-für-Stück-Korrespondenz (↑) zwischen Mengen mit lauter gleichartigen Elementen; diese Art des Mengenvergleichs fällt den Kindern in der Regel schwerer als die provozierte Korrespondenz (↑).

Stück-für-Stück-Korrespondenz: Stück-für-Stück-Zuordnung der Elemente einer Menge zu denen einer anderen Menge (oder mehrerer anderer Mengen), wobei diese Zuordnung jeweils eine 1:1-Zuordnung, d.h. eine eineindeutige (↑) sein muß; graphisch wird diese Zuordnung durch sog. Zuordnungslinien dargestellt (vgl. Abb. 2).

sukzessiv: nach und nach; allmähliches, schrittweises Erfassen und Wahrnehmen vorgegebener komplexer Sachverhalte/Strukturen oder schrittweises Vorgehen bei Handlungen; im Gegensatz zum simultanen (↑) Erfassen der Anzahl einer Menge von Objekten geschieht das sukzessive mittels Auszählen der Objekte (Stück um Stück); bei der axiomatischen Definition des Zahlbegriffs (↑) werden die natürlichen Zahlen ebenfall sukzessiv erfaßt, da jede Zahl aus der vorhergehenden durch Hinzufügen der Eins entsteht.

symbolische Darstellungs-/Repräsentationsebene: Darstellung von Unterrichtsinhalten durch Worte oder abstrakte Symbole; eine der 3 Darstellungsformen nach BRUNER (1974) – neben der enaktiven (↑) und der ikonischen (↑); Inhalte werden rein verbal oder symbolisch-abstrakt, z.B. in Rechengleichungen mit den Rechenzeichen „+“, „–“, „x“, „:“ und in mathematischen Formeln o.ä. dargeboten und verbal, mit Symbolen oder sogar rein gedanklich erarbeitet.

total geordnete Reihe: eine Reihe von Elementen, für die gilt, daß zwei ungleiche Elemente a und b in der Reihe nie an gleicher Stelle stehen können, vielmehr immer entweder a vor b oder b vor a stehen muß; so können in der Reihe der Ordnungszahlen (1., 2., 3., ...) zwei verschiedene Zahlen nie auf der gleichen Ranghöhe plaziert sein, wie dies z.B. in einer nur „geordneten" Reihe von verschiedenen Holzstäben durchaus möglich ist, wenn zwei oder mehrere Stäbe der gleichen Höhe vorhanden sind.

Transformationen: Umwandlungen, Umformungen, Umgestaltungen; sind bedeutsam bei den Invarianz(↑)aufgaben nach PIAGET (1975), wobei die Erkenntnis der Mengen-, Höhen- und Längenerhaltung *nach* den Transformationen von Objekten ein wichtiges Kriterium bei der Entwicklung des Zahlbegriffs darstellt.

Zählzahlaspekt: ein Aspekt des Zahlbegriffs, bei dem die natürlichen Zahlen eine Folge bilden, die beim Zählprozeß – abstraktes Zählen (↑) oder elaboriertes Zählen (↑) – durchlaufen wird.

Literatur

Allgemeine didaktische Grundlagen:

Bruner, J.S. et al.: Studien zur kognitiven Entwicklung, Stuttgart 1971

Bruner, J.S.: Entwurf einer Unterrichtstheorie, Berlin 1974

Gagné, R.M.: Die Bedingungen des menschlichen Lernens, Hannover 1975[4]

Ginsburg, H.; Opper, S.: Piagets Theorie der geistigen Entwicklung, Stuttgart 1975

Mathematikdidaktische Grundlagen:

Fuson, K.C. et al.: The Acquisition and Elaboration of the Number Word Sequence; in: BRAINER, D.C. (Ed.): Progress in Cognitive Development, Vol.1, New York 1982, 33-92

Fuson, K.C.; Hall, J.W.: The Acquisition of Early Number Word Meanings; in: GINSBURG, H.P. (Ed.): The Development of Mathematical Thinking, New York 1983

Gelman, R.; Gallistel, C.R.: The Child's Understanding of Number, Cambridge, London 1978

Kühnel, J.: Neubau des Rechenunterrichts, Bad Heilbrunn, Düsseldorf 1966[11]

Piaget, J.: Die Genese der Zahl beim Kind; in: PIAGET, J.; RESAG, K. u.a.: Rechenunterricht und Zahlbegriff, Braunschweig 1970[4]

Piaget, J.; Szeminska, A.: Die Entwicklung des Zahlbegriffs beim Kinde, Stuttgart 1975

Radatz, H.: Zählen – eine oft vernachlässigte Fähigkeit; in: Grundschule, 14 (1982) H.4, 159-162

Schipper, W.: Aspekte des arithmetischen Anfangsunterrichts; in: mathematica didacta, 4 (1981) 201-218

Schmidt, R.: Die Zählfähigkeit der Schulanfänger; in: Sachunterricht und Mathematik in der Primarstufe, 10 (1982) 371-376 (a)

Schmidt, R.: Ziffernkenntnis und Ziffernverständnis der Schulanfänger; in: Grundschule, 14 (1982) H.4, 166-167 (b)

Schmidt, S.: Zur Bedeutung und Entwicklung der Zählkompetenz für die Zahlbegriffsentwicklung bei Vor- und Grundschulkindern; in: Zentralblatt der Didaktik der Mathematik, 2 (1983) 101-111

Starkey, P.; Gelman, R.: The Development of Addition and Substraction Abilities Prior to Formal Schooling in Arithmetics; in: CARPENTER, T.P. et al. (Eds.): Addition and Substraction: A Cognitive Perspective, New Jersey 1982, 99-116

Theorie und Praxis des Unterrichts mit Geistig- und Lernbehinderten:

Borgards, W.: Methodische Behandlung der Rechenschwäche, Berlin-Charlottenburg 1973[4]

Ebersole, M. u.a.: Lernen Schritt für Schritt, München, Basel 1976

Fischer, D.: Neues Lernen mit Geistigbehinderten Eine methodische Grundlegung, Würzburg 1981[2]

Schmitz, G.: Rechnen mit geistig behinderten Kindern; in: HAUG, CH.; SCHMITZ, G.: Lesen und Rechnen mit geistig behinderten Kindern, Wien, München 1977

Schmitz, G.; Scharlau, R.: Mathematik als Welterfahrung, Bonn-Bad Godesberg 1985

Theorie und Praxis des Mathematikunterrichts (Vor- und Grundschule):

Floer, J.; Haarmann, H. (Hrsg.): Mathematik für Kinder, Grundlegung – Beispiele – Materialien, Weinheim, Basel 1982

Kempinsky, H.: Der Rechenlehrer der Kleinen, Leipzig 1920[8]

Müller, G.; Wittmann, E.: Der Mathematikunterricht in der Primarstufe, Braunschweig 1977

Wittmann, E.: Mathematisches Denken bei Vor- und Grundschulkindern, Braunschweig, Wiesbaden 1982

Wittmann, J.: Theorie und Praxis eines ganzheitlichen Unterrichts, Dortmund 1967[4]

Unterrichtspraktische Beiträge:

Bernhart, P.; Bock, H.; Schmidt, M.: Moto-Mathe, Materialien und Arbeitsblätter zum Erstrechnen in Diagnose- und Förderklassen; Grundlegende mathematische Fähigkeiten, München 1991

Dank, S.: Geistigbehinderte lernen den Umgang mit dem Längenmaß, Übungsreihen für Geistigbehinderte Heft A5 Lehrgang Umgang mit Mengen, Zahlen und Größen, Dortmund 1991

Freisleben, H.B. (Hrsg.): Mathematik und Bewegung, Würzburg 1988 (Vertrieb: Herbert B. Freisleben, Günterslebener Str. 29, 8709 Rimpar)

Geßlein, I.; Lippert, H.: Schule macht Spaß; eine Sammlung von Lernmaterialien für den individualisierenden Unterricht, Würzburg 1987, 98-134

Kempinsky, H.: Ein frohes Rechenjahr, Leipzig 1922[5]

Köppen, D.: 70 Zwiebeln sind ein Beet, Mathematikmaterialien im offenen Anfangsunterricht, Weinheim, Basel 1988

Lauster, U.: Rechenspiele 1, Reutlingen 1975

Lützenkirchen, I.: Entwicklung von Basisfähigkeiten, Unterrichtsmodelle zur Stundenvorbereitung, Bonn-Bad Godesberg 1988[2]

Staatinstitut für Schulpädagogik und Bildungsforschung München (Hrsg.): Erstrechnen. Handreichung für Sonderpädagogische Diagnose- und Förderklassen, Teil 1: Grundlegende mathematische Fähigkeiten, Würzburg 1989[3] (Vertrieb: H.B. Freisleben, s.o.)

Vater, W.: Rechenspiele zur mathematischen Förderung im Vorschulalter, Bonn 1984